Webinar Methoden Koffer

50 interaktive Methoden für virtuelle
2D & 3 D Räume

Anja Röck

Bibliografische Information der Deutschen Nationalbibliothek:
Die Deutsche Nationalbibliothek verzeichnet diese Publikation in der Deutschen Nationalbibliografie; detaillierte bibliografische Daten sind im Internet über http://dnb.dnb.de abrufbar.

© 2019 Anja Röck, arise Coaching & Tutoring, Althengstett

Cover: Anja Röck
Bild: pixabay, freie Verfügbarkeit

Herausgeber: Anja Röck
Schwalbenweg 14/2
75382 Althengstett
info@arise-coaching.de

Herstellung & Verlag: BoD – Books on Demand, Norderstedt

ISBN: 978-3-7481-9315-9

Inhaltsverzeichnis

III

1. Vorwort

Haben Sie schon einmal ein Webinar, also ein Seminar im Web besucht?

Ich persönlich finde, dass dieses Format interaktiver Seminare über das Internet noch immer viel zu wenig, und vor allem oft noch sehr unattraktiv genutzt wird.

In den letzten Jahren habe ich viele Webinare besucht. Manche Trainer konnten mich gut „mitnehmen", andere sogar richtig begeistern.
Insbesondere war für mich und mein positives Lernempfinden dabei wichtig, ob es der jeweilige E-Trainer geschafft hat, eine „Beziehung" zwischen uns im virtuellen Raum herzustellen.

Leider habe ich auch einige Webinare erlebt, wo dies nicht funktioniert hat.
Bei diesen Veranstaltungen ertappte ich mich, dass ich bereits nach ein paar Minuten anfing, nebenher meine Mails zu checken.

Gut war, wenn mir dies auffiel. Denn dadurch hatte ich dann die Möglichkeit zu reflektieren, was genau mich störte, mir fehlte oder ich noch gebraucht hätte.

Diese „Stör"-Punkte durchdachte ich im Anschluss, überlegte Lösungen, habe Anpassungen vorgenommen und diese Optimierungen dann in meinen eigenen Webinaren ausprobiert.

Und wenn Rückmeldungen der Teilnehmer am Ende meiner Webinare z. B. lauten:

- „Meine Güte, die Zeit ist ja schon um!"
- „Vielen Dank, dass wir auf meine Punkte auch eingehen konnten. Da war nun einiges dabei, das ich mitnehmen kann."
- „Das waren aber intensive neunzig Minuten – jetzt haben Sie mich zum Nachdenken gebracht."

dann hatte ich meinen Job gut gemacht.

Ich gebe zu, ich bin ein Fan von 2D und von 3D Webinaren.

Eine wichtige Erkenntnis lautet dabei für mich:
Eine intensive Zusammenarbeit zwischen dem E-Trainer und den Teilnehmern ist immer dann erreichbar, wenn der E-Trainer dies durch Aktion und Interaktion ermöglicht und zulässt.

Begleiten Sie mich nun bei 50 Webinarmethoden in virtuelle 2D und 3D Räume.

Sorgen Sie als E-Trainerin dafür, dass Ihre Teilnehmer tatsächlich dabei und nicht nur anwesend sind.

Ich wünsche Ihnen viel Erfolg.

Ihre Anja Röck

2. Einleitung

Ganz sicher kann man sich derzeit nur auf Eines verlassen, nämlich darauf, dass es stetig und ständig neue Entwicklungen geben wird und sich daraus verändernde Bedürfnisse für neue Weiterbildungskonzepte ergeben.

Anspruchsvolle und aktive Teilnehmer fordern uns als Trainer und Coachs immer wieder heraus.

In einer digitalen Wissensgesellschaft, bei welcher der tägliche Wandel Alltag ist, benötigen E-Trainer und E-Coachs also verstärkt Eigenschaften wie Flexibilität und Kreativität.

Denn nur wenn sich Teilnehmer wirklich angesprochen und integriert fühlen, bleiben sie im Thema dabei.

Dass dies nur durch ständigen Weitblick[1] gemischt mit einer guten Portion Neugier[2] vonseiten der Trainer und Coachs möglich ist, unterstreiche ich.

Die einzelnen Methoden in dieser Sammlung leiten aus der Praxisperspektive von Sandra und Markus, zwei E-Trainern, ein.

[1]   Huffington Post USA (2014): Das Geheimnis der Kreativität: So ticken einfallsreiche Menschen, [online] https://www.huffingtonpost.de/2014/03/06/das-geheimnis-der-kreativitaet_n_4911257.html [16.01.2019]
[2]   Zukunftsinstitut GmbH Deutschland: Was macht Menschen neugierig?, [online] https://www.zukunftsinstitut.de/artikel/was-macht-menschen-neugierig/ [16.01.2019]

Bei jeder Methode werden dann der Ablauf sowie die verwendeten Tools (Werkzeuge) im virtuellen 2D oder/und 3D Raum erläutert. Anschließend gibt es Tipps und gegebenenfalls werden Varianten aufgezeigt.

Der vorliegende Webinar-Methodenkoffer greift dazu die folgenden Webinarsituationen auf:

- Vorstellen
- Ankommen
- Thematische Arbeit
- Gruppenarbeiten
- Auflockerung und
- Reflexion-Feedback-Zusammenfassen

Für Einsteiger als E-Trainer bzw. E-Coachs will der Methodenkoffer vielfältige Interaktionsmöglichkeiten in 2D und 3D Räumen sichtbar machen.

Die vorgestellten Varianten gehen noch einen Schritt weiter und wollen Fortgeschrittene in virtuellen Szenarien zum Weiterdenken erprobter Methoden inspirieren.

Grundsätzlich unterscheidet die Sammlung zunächst bewusst Methoden die sich eher für den virtuellen 2D Raum eignen und solche die sich für 3D Welten anbieten, um dann zu ergänzen, wann und wie ein Change möglich ist.

Besonders berücksichtigen die aufgeführten Methoden, dass die Teilnehmer immer „erwachsener" werden.

Als E-Trainer und E-Coach die Teilnehmer auch so zu behandeln, sollten wir immer beachten.

Wichtig für einen intensiven Webinarverlauf sind daher u. a. durch den Trainer und Coach geschaffene Möglichkeiten zur Interaktion.
Denn diese sorgen dafür, dass Teilnehmer abwechslungsreich und inter-/aktiv mit ihren Bedürfnissen eingebunden, in synchrone, virtuelle 2D Räume oder 3D Welten begleitet werden können.

Wichtige Hinweise:

- Ich habe mich bemüht alle gegebenenfalls vorhandenen Ursprünge einzelner Methoden zu ermitteln und, wo notwendig, darauf zu verweisen. Sollte ein urheberrechtlicher Verweis übersehen worden sein, bitte ich dies zu entschuldigen und den Urheber sich bei mir zu melden.

- Für einen störungsfreien Lesefluss habe ich in diesem Buch, soweit möglich, einen geschlechtsneutralen Begriff (z. B. Teilnehmer) verwendet. Wo dies nicht machbar war, wird entweder die männliche Form (Lernender) oder die weibliche Form (Lehrende) verwendet. Selbstverständlich ist dabei auch immer die jeweils andere Form gemeint.

3. Theorie & Praxis

Theoretische Grundlagen, echt jetzt?! Ja!
Ich finde ein paar theoretische Informationen zu Abrundung, haben sich hier einen Platz verdient.
Doch keine Sorge! Da mir der Praxisbezug sehr wichtig ist, werde ich, wo immer möglich, mit Beispielen verdeutlichen, worum es mir geht.

Kontinuierlich diskutiere ich mit Kollegen über den „Unterricht von vorne". Damit meine ich, dass hauptsächlich der Trainer spricht und die Teilnehmer überwiegend zuhören.
Einen solchen „reinen Frontalunterricht" durchzuführen erscheint oft noch immer auf den ersten Blick „einfacher". Insbesondere im virtuellen Raum, wenn zusätzlich die Technik einem einen Strich durch den Ablauf machen kann, haben E-Trainer und E-Coachs so gegebenenfalls das Gefühl den Ablauf eher im Griff zu haben.

Die Lehrende stellt ihre Inhalte vor, fragt punktuell (zu einem bestimmten Zeitpunkt und genau geplant). Die Lernenden/Teilnehmer dürfen lediglich über den Textchat antworten oder selbst eine Frage stellen.
Kommt auf eine Frage der Lehrenden die richtige Antwort? Gut!
Wenn nicht, dann beantwortet die Lehrende die Frage eben selbst - und macht weiter.

Seit Jahren gibt es immer wieder Diskussionen über Frontalunterricht in Präsenzveranstaltungen.

Warum dieser richtig oder falsch sein soll, wird dabei mit verschiedensten Argumenten diskutiert.

Und mag vielleicht diese grundsätzliche Auseinandersetzung für Präsenzunterricht von Kindern und Jugendlichen zu führen sein, ist sie doch nach meiner Auffassung nicht auf erwachsene Lernende anwendbar.

Denn Erwachsene lernen nur dann gut, wenn es sie interessiert und wenn sie den Nutzen erkennen können.

Neue Inhalte müssen außerdem möglichst gut mit eigenen Vorerfahrungen verknüpfbar sein. Der interessierte Lerner möchte mit-beeinflussen und mit-gestalten[3]. Dies ist jedoch nur möglich, wenn der Lerner aktiviert und involviert ist. Dann ist er dabei und fühlt sich auch für das Lernergebnis mit-verantwortlich[4].

Leider ist diese Form des „Unterrichts von vorn", der die Lernenden zu Zuschauern bzw. Zuhörern „degradiert", auch im virtuellen Raum zu finden.

Die Lehrende überträgt ihren Vortrag per Webcam, einige Teilnehmer sitzen vor Ort, die Vielzahl an ihren Computern im Büro oder Homeoffice.

---

3   Nuissl von Rein E. Prof. Dr. (2000): Interview Universität de Vest din Timisoara durch Dr. Ion Dumitru [online] http://www.die-frankfurt.de/esprid/dokumente/doc-2000/dumitru00_01.htm [17.01.2019]
4   Dumitru Ion, Universität de Vest din Timisoara, (2000): Erwachsene lernen anders, [online] http://www.die-frankfurt.de/esprid/dokumente/doc-2000/dumitru00_01.htm [16.01.2019]

Rückmeldungen oder Fragen während des Vortrages sind eher nicht erwünscht und daher technisch – von Seiten der Teilnehmer – auch nicht vorgesehen.

Bei einem solchen Szenario überlegen sich viele Lerner zu Recht, warum sie genau jetzt dabei sein müssen und nicht zu einem selbst gewählten Zeitpunkt eine Aufzeichnung anschauen können.

So darf ein moderner, lernerangepasster Unterricht, mit all den Möglichkeiten, die virtuelle Räume anbieten, nicht aussehen.

Wichtig sind jedoch nicht nur die Teilnehmerbeteiligung, also interaktiv im Webinar zu arbeiten, und die Berücksichtigung der Bedürfnisse der Lernenden.
Lernende müssen sich im Lernszenario „sicher" und überwiegend „wohl" fühlen.

Viele erwachsenen Lernende, sofern sie nicht zur Generation Y (geboren zwischen 1980 und 2000[5]) gehören, haben bisher meist nur häusliche und/oder eingeschränkte Erfahrungen mit digitalen Medien (z. B. durch die Nutzung von Skype oder WhatsApp).

Digitale virtuelle Medien zum Lernen oder zur Weiterbildung zu verwenden, gehört noch nicht zum Alltag, auch wenn viele Personen Videos bei YouTube anschauen.

---

5   absolventa (2018): XYZ – Generationen auf dem Arbeitsmarkt [online] https://www.absolventa.de/karriereguide/berufseinsteiger-wissen/xyz-generationen-arbeitsmarkt-ueberblick [17.01.2019]

Meiner Erfahrung nach hat die Mehrzahl der Erwachsenen (Stand 2019) Lernszenarien in virtuellen 2D (zweidimensional, sich im gleichen Online-Raum befindend) oder gar 3D (sich in virtuellen Welten bewegend) Räumen noch nicht selbst erlebt.

Aus ersten Hype-E-Learning-Zeiten der „Lernprogramme am Computer" (z. B. CBT - Computer based training, WBT - Web based training) in den 1990er Jahren herrscht oft noch die Meinung vor, dass virtuelles Lernen „einen allein am Computer versauern lässt."

Ein elementarer Faktor im Webinar ist daher, dass „die informellen, sozialen Kontakte [in virtuellen bzw. digitalen Lernszenarien] nicht zu kurz kommen [dürfen]."[6]
Ein vertrauensvolles Miteinander und kooperatives und kollaboratives Arbeiten im Webinar werden andernfalls schwieriger.

Ein wesentlicher Vorteil virtueller Räume ist die Möglichkeit zur direkten Kommunikation.

Und dies betrifft nicht nur den Echtzeit-Austausch durch das Mikrofon und die Webcam.

Im Webinar ist teilnehmerorientiertes, interaktives Arbeiten mit der gesamten Gruppe oder in Kleingruppen machbar.

---

6 Meister D. & Kamin M. (2010):Digitale Lernwelten in der Erwachsenen- und Weiterbildung [online]
https://www.researchgate.net/publication/241003246_Digitale_Lernwel ten_in_der_Erwachsenen-_und_Weiterbildung [17.01.2019], pdf-Dokument S. 5

Notwendig dafür ist jedoch, dass der E-Trainer den jeweiligen Raum, die vorhandenen Werkzeuge (Synonym: Tools) und damit die Möglichkeiten kennt – und beherrscht.

Die sich auf dem Markt befindenden virtuellen 2D Räume sind überwiegend ähnlich aufgebaut. Sie stellen ein geschütztes, zumeist nur über ein Passwort zugängliches, Online-Klassenzimmer dar.

Optisch findet man sich mehrheitlich in einer tabellarisch aufgebauten Oberfläche wieder. In verschiedenen Bereichen befinden sich die Teilnehmerliste, ein Textchat, eine Präsentationsfläche, die Möglichkeit zur Videoübertragung und ein Tool zum Austausch von Dateien.

Weitere Details zur virtuellen 2D Räumen sind in folgendem Video zu finden: https://youtu.be/Xa3pB6Up6Aw.

Im Gegensatz zu 2D Räumen bewegen sich die Teilnehmer in virtuellen 3D Welten als Avatare (mit Stellvertretern) durch das Lernszenario.
Nach meinen bisherigen Erfahrungen wird die dreidimensionale Lernwelt von den Lernern tatsächlich erlebt.

Auch in 3D Szenarien ist das gemeinsame (Be-)Arbeiten von Themen in Groß- und Kleingruppen möglich. Hier stehen in der Regel ebenfalls Präsentationsflächen und interaktive Tools, z. B. zur Abstimmung, zur Verfügung.

Ein Eindruck von einem virtuellen 3D Raum ist in diesem Video zu finden: https://youtu.be/NaB0h1HnraA.

Viele Methoden aus Präsenzveranstaltungen lassen sich auf virtuelle Szenarien (2D & 3D) übertragen.

Grundsätzlich sollten Trainer und Coachs aber bedenken, dass es sich bei Webinaren nicht einfach nur um „Seminare im virtuellen Raum" handelt. Es geht also um mehr, als nur darum, die Technik zu beherrschen.

Berücksichtigt werden muss z. B., dass 3D Welten, vom Teilnehmerempfinden her, wieder näher an der Präsenz stattfinden, als dies bei 2D Räumen der Fall ist.
Beispielsweise werden Distanzzonen (der eigene persönliche und öffentliche Umkreis) im 3D Raum wahr- und wichtig genommen, während sie im 2D Raum keine Rolle spielen.

E-Trainer sind daher gefordert, die notwendige E-Didaktik von Anfang an – und mittels geeigneter Methoden zu berücksichtigen.

Doch nun genug der Theorie, steigen wir in die Praxis ein.

4. Hinweise zur Methodensammlung

4.1 Allgemeines

Um den Praxisbezug zu verdeutlichen, leiten alle Methoden mit einem Beispiel für eine Webinarsituation in die Thematik ein.

Aus den Perspektiven von Sandra oder Markus, zwei E-Trainern, wird geschildert, wie sie im Webinar vorgehen, um die entsprechende Methode einzusetzen. Weiter wird erläutert, welche Vorbereitungen nötig sind und welche Regieanweisungen an die Teilnehmer gegeben werden.

Die Methoden werden insgesamt nach Schwerpunkten (vgl. Einleitung), dann alphabetisch (vgl. Inhaltsverzeichnis) gegliedert und folgendermaßen dargestellt:

- Methodentitel mit dem Hinweis 2D (für den 2D virtuellen Raum) oder 3D (für virtuelle 3D Szenarien)
- Praxiseinstieg (s. o.)
- Methodenablauf im Webinar
- Verwendete Tools (Werkzeuge) im Webinarraum
- Zeitaufwand im Webinar
- Teilnehmerbeteiligung
- Tipp
- Variante
- Change 2D-3D, mit Erläuterungen und Hinweisen, sofern und wie die Methode im jeweils anderen Format durchführbar ist
- Inspiriert durch und – woher die Ur-Idee der Methode stammt

Die Sammlung unterscheidet bewusst Methoden, welche sich eher für den virtuellen 2D Raum eignen, und solchen, die sich gut in 3D Welten einsetzen lassen.

Aktiv und interaktiv mit den Lernern zu sein, ist in jedem virtuellen Szenario wichtig. Doch sollte nach meiner Erfahrung im 3D Raum grundsätzlich jede Methode möglichst mit einer bewegungsmäßigen Interaktion verbunden sein.

Denn auf einem „Abenteuerspielplatz" muss man „spielen" dürfen, andernfalls leben dies die Teilnehmer (und dann vielleicht nicht zum Thema passend) anderweitig aus.

4.2 Methodenübersicht

Seite	Methode	2D	3D	Zeitaufwand	Change 2D/3D möglich	Vorstellung	Ankommen	Thematische Arbeit	Auflockerung	Relexion-Feedback	Zusammenfassen
Vorstellung											
29	Drei Antworten	x		w-m		x				x	
31	Du bist wer nochmal?		x	m		x	x				
33	Landkarte	x		w-m	x	x	x				
35	Schnelles Gruppenbild	x		w-m		x	x	x			
37	Speed-Dating Karussell		x	m		x	x				
39	Szenarien stellen		x	m		x	x	x		x	
41	Vorstellung mit Bild	x		m	x	x	x				
43	Wahr – Unwahr	x		m		x	x				
Ankommen											
47	Blick aus dem Fenster	x		w	x		x			x	
49	140 Zeichen		x	w	x		x	x			
51	Farbbefinden	x		w			x			x	
53	Gleichseitig im Dreieck stehen		x	m			x	x			
55	Ich weiß wer du bist!		x	w-m			x	x			
57	Schlüsselmoment	x		w-m			x			x	
59	Was mir wichtig ist		x	m-h			x			x	
Thematische Arbeit											
63	Blick von innen, außen & oben		x	m-h	x			x			x
65	Die 4-Wahlmöglichkeiten		x	m-h	x			x			x
67	Fakt oder Interpretation	x		m			x	x	x		x
69	Filmhopping		x	m-h	x			x			x
71	Fragen über Fragen	x		m	x			x			x
74	Gedankenketten	x		m-h	x		x	x			
76	Gruppenquiz		x	m	x			x			x
78	Hängengeblieben	x		m-h	x		x	x			
80	Keyword-Story	x		m-h	x			x			x
82	Lernwelt-Karte		x	m-h				x	x		x

					Webinarmethoden					
						Variante				
Seite	Methode	2D	3D	Zeitaufwand	Change 2D/3D möglich	Vorstellung	Ankommen	Thematische Arbeit	Auflockerung	Relexion-Feedback- Zusammenfassen
Thematische Arbeit										
84	Meinungsverschiebung		x	m-h				x		x
87	Sprichwort-Einstieg	x		m	x			x	x	
89	Stand-Land-Fluss-Aspekte	x		m-h				x		x
91	Stichwort-Fragen		x	m-h	x			x		x
93	Thematische Wimmelbilder	x		m			x	x	x	
95	Themenbingo		x	m-h			x	x		
97	Weit-gedacht		x	m-h	x			x		x
99	Wissensparcour	x		m-h	x			x		x
101	Vernetzt-Denken	x		m-h	x		x	x		x
103	Verwirrte Sprache	x		w-m				x	x	x
105	Virtuelles-Weltcafe	x		m-h				x		x
Auflockerung										
117	Gruppen-Knobelei		x	w	x				x	
119	Ich sehe was	x		w-m	x		x	x	x	x
121	Riese – Mädchen – Wolf		x	m					x	
123	Stimmt das so?		x	w-m					x	
125	Sprachverwirrung		x	m				x	x	
127	Was ist gemeint?		x	w-m	x		x	x	x	x
Reflex. Feedback, Zusf. & Abschluss										
131	Blitzlicht		x	w-m	x					x
133	Energiepegel		x	w-m				x		x
135	Handauswertung		x	m-h						x
137	Ich gehe jetzt, weil		x	w-m	x		x			x
139	Mein wichtigster Punkt	x		w-m	x		x			x
141	Passt - Passt nicht	x		m	x		x	x		x
143	Reflektiv gefragt	x		m-h	x		x			x
145	Zielen & Treffen		x	w	x					x

w = wenig, m = mittel, h = hoch

5. Methoden

„Welche interaktiven Methoden gibt es für virtuelle Räume?"

„Gibt es Methodensammlungen für virtuelle Szenarien?"

„Können Methoden des 2D Raumes auch in 3D Welten angewandt werden – und wie?"

Diese und ähnliche Fragen werden immer wieder von (angehenden) E-Trainern gestellt.

Methoden (-Sammlungen), die sich in synchronen, virtuellen Szenarien anwenden lassen, sind noch immer dünn gesät.

So ist meist jeder E-Trainer oder E-Coach selbst gefragt, geeignete Techniken zu finden und diese anzupassen.

Allerdings kann die Lehrende so auch schnell in der Wiederholungsfalle stecken: Methoden, die sich einmal bewährt haben, werden immer wieder angewandt.

Die Sammlung will:
- die Vielzahl an Methoden für virtuelle Räume aufzeigen.
- Tipps geben für wichtige Details bei der Durchführung oder, falls bestimmte Tools im jeweiligen virtuellen Raum nicht vorhanden sind, wie dann vorzugehen ist.

- Varianten zu einzelnen Methoden anbieten, damit beispielsweise sowohl große, als auch kleine Gruppen „abgeholt" werden können, oder die Methode auch anderweitig einsetzbar ist.
- Außerdem Change-Möglichkeiten aufzeigen, um die Methoden im 2D und 3D Raum einzusetzen.

Im Einzelnen:

Kapitel 5.1: Vorstellen
Für einen effektiven Webinarverlauf ist es wichtig, dass sich die Gruppe kennen lernt.
Doch gibt es weit mehr als nur die „üblichen" Vorstellungsrunden.

Kapitel 5.2: Ankommen
Kennen sich die Teilnehmer bereits, z.B. bei Webinarfolgen, ist es nicht sinnvoll, jedes Mal wieder mit einer Vorstellungsrunde zu beginnen. Trotzdem ist das gemeinsame Ankommen wichtig.

Kapitel 5.3: Thematische Arbeit
Damit sich Lernende mit dem Lernstoff zielgerichtet auseinandersetzen, ist es am E-Trainer, interaktive Methoden zu wählen, um einen intensiven Austausch zu ermöglichen.

Kapitel 5.4: Gruppenarbeiten
Wie kann die E-Trainerin der Herausforderung von Gruppenarbeiten in virtuellen Räumen begegnen? Welche Möglichkeiten hat sie zur Gruppeneinteilung in virtuellen 2D und 3D Szenarien? Und welche wichtigen Punkte für die Themenbearbeitung gilt es zu beachten?

Kapitel 5.5: Auflockerung

Entspannung und Förderung des sozialen Austausches ist ein gutes Vorhaben für die Pause.

Kapitel 5.6: Reflexion-Feedback-Zusammenfassen

Wo steht die Gruppe thematisch? Wie ist die Stimmung im Webinar?

Und wie kommt die Gruppe gemeinsam zum Ende?

5.1 Vorstellung

Soll eine Gruppe im Webinarverlauf effektiv miteinander arbeiten, dann ist es notwendig, dass man sich kennen lernt. Was im Präsenzseminar fast „nebenher" und „von allein" passieren würde, indem die Teilnehmer Blickkontakt aufnehmen, sich zunicken, beim Kaffee oder in der Raucherecke zusammenstehen und Gespräche führen, muss vom E-Trainer in virtuellen Szenarien bewusst und gezielt initiiert werden.

Jeder Präsenzseminarbesucher weiß:
Vorstellungsrunden können bei vielen Teilnehmern zeitlich lange dauern und je nach Fragestellung zäh sein.

In Webinaren, die in der Regel nur neunzig Minuten lang sind, dürfen Vorstellungen daher nicht zu viel Zeit in Anspruch nehmen. Andernfalls steigen einzelne Teilnehmer gedanklich schon am Anfang aus, und/oder wertvolle Zeit für die eigentliche Themenbearbeitung wird dadurch eingeschränkt.

Vorstellungsrunden sollten also schnell, effizient und zielgerichtet durchgeführt werden.

Wichtig ist jedoch, dass der E-Trainer etwas mit den Rückmeldungen der Teilnehmer anfangen kann und die Teilnehmer ein Gefühl füreinander bekommen.

Vorstellungsrunden und der virtuelle 2D Raum:
Im Gegensatz zu einer Präsenzveranstaltung stellt sich ein virtuelles Lernszenario meist folgendermaßen dar: Für ein Webinar sitzt mehrheitlich jede Person allein für sich am Lernort, z. B. im Büro oder zu Hause.

Kurz vor dem Webinar loggt man sich ein. Im virtuellen 2D Raum ist dann zunächst nur eine Liste mit Namen verfügbar (von welchen man im Allgemeinen nur wenige bis niemanden kennt). Die Herausforderung für den E-Trainer ist, aus den Namen auf der Liste Personen zu machen.

Kontakt muss hergestellt werden, um damit wie oben ausgeführt, ein Miteinander zu ermöglichen.

Vorstellungsrunden im virtuellen 3D Raum:
Schon im 2D Raum ist Aktivität mit Teilnehmern in der Vorstellungsrunde wichtig. Auch damit sich diese von Anfang an mit eingebunden fühlen. Auf diese Weise sorgt der E-Trainer dafür, dass die Teilnehmer nicht nur anwesend, sondern tatsächlich gegenwärtig sind.

Da sich 3D Szenarien, wie bereits angesprochen, gefühlt näher am „Präsenzempfinden" bewegen, ist Aktion und damit eben auch Interaktion noch wichtiger.

Die folgenden Methoden sind für Teilnehmergruppen gedacht, die sich nicht kennen oder zum ersten Mal im virtuellen Raum miteinander arbeiten.

5.1.1 Drei Antworten (2D)

Praxiseinstieg

Sandra erwartet heute eine mittelgroße Teilnehmergruppe in einem einmaligen Webinar.

Da viele Inhalte besprochen werden müssen, der persönliche Eindruck jeder Person aber trotzdem erfasst werden soll, plant Sandra die Vorstellung mittels drei vorgegebener Fragen. Durch diese Struktur will sie den Zeitrahmen im Griff behalten.

Methodenablauf im Webinar

Sandra hat eine Folie vorbereitet, auf welcher drei Aussagen stehen: (1) „Ich bin heute von... zugeschaltet." (2) „Ein wichtiger Punkt zum Thema ist für mich..." (3) „Informationen zu diesem Stichwort möchte ich gerne mitnehmen..."

Nach dem Auflegen der Folie erläutert Sandra, dass pro Punkt maximal ein Satz formuliert werden soll. Anschließend stellt sich Sandra in der beschriebenen Form vor und bestimmt dann die Reihenfolge, in welcher sich die Teilnehmer (über das Mikrofon) vorstellen sollen (z. B. entsprechend der Teilnehmerliste von unten nach oben).

Verwendete Tools (Werkzeuge) im Webinarraum

Folie mit o. g. Punkten (Präsentationsfläche), Mikrofon

Zeitaufwand im Webinar

wenig bis mittel

Teilnehmerbeteiligung

gesamte Gruppe

Tipp

Steht nicht die Zeit zur Verfügung, jede Person drei Sätze am Mikrofon formulieren zu lassen, können einzelne Fragen auch über den Textchat bearbeitet werden (vgl. „Schnelles Gruppenbild" 5.1.4).

Variante

Die Methode der „Drei Fragen" bzw. die Abfrage für „Drei Antworten" kann immer wieder zur Reflexion im Themenverlauf oder auch am Ende des Webinars zur Gesamtreflexion verwendet werden.

5.1.2 Du bist wer nochmal? (3D)

Praxiseinstieg

Eine längere Webinarreihe ist vorgesehen.

Die Teilnehmer sollen dabei sehr intensiv miteinander arbeiten. Da auch immer wieder Feedbackrunden vorgesehen sind, hat der Vertrauensaufbau für Sandra einen hohen Stellenwert.

Wichtig ist ihr, dass die Teilnehmer gegenseitig „ein Gefühl füreinander bekommen" – und sich zumindest wiedererkennen, ohne auf das Namensschild des Avatars schauen zu müssen (z. B. aufgrund der Gestaltung des Avatars oder durch die Stimme).

Grundsätzlich wird dazu vereinbart, dass alle Teilnehmer für die Dauer der Webinarreihe immer den gleichen Avatar wählen sollen.

Methodenablauf im Webinar

Für diese Art der Vorstellung im 3D Raum fordert Sandra die Teilnehmer zunächst auf, ihre Namensschilder auszublenden.

Die Teilnehmer stellen sich in einem großen Raum auf.

* In der ersten Runde stellt sich jede Person selbst, über das Mikrofon mit ihrem Namen, vor.

* In der zweiten Runde zeigt Sandra mit dem Pointer (Zeigepfeil) auf den Boden vor einem Teilnehmer und dieser muss dann die Person links von sich mit dem richtigen Namen benennen.

- Ist der Name falsch, hilft die vorgestellte Person weiter. Anschließend „pointet" der Teilnehmer, der dran war vor eine weitere Person und diese stellt wiederum die Person links von sich vor.
- Die dritte Runde startet Sandra durch „pointen" auf den Boden vor einem Teilnehmer und dieser muss dann die Person rechts von sich mit dem richtigen Namen benennen. Der weitere Verlauf entspricht dem obigen.

Verwendete Tools (Werkzeuge) im Webinarraum
Pointer, Mikrofon

Zeitaufwand im Webinar
mittel

Teilnehmerbeteiligung
gesamte Gruppe

Tipp
Die E-Trainerin sollte darauf achten, dass das Zeigen mit dem Laserpointer auf dem Boden vor dem jeweiligen Avatar stattfindet. Denn auch online wird niemand gerne mit einem Pointer „geblendet".

Variante
Die Methode kann z. B. auch beim zweiten Termin zum Ankommen genutzt werden.

5.1.3 Landkarte (2D)

Praxiseinstieg

Sandra startet mit einer neuen Gruppe in eine Webinarreihe. Dabei möchte sie gleich zu Beginn der ersten Session sichtbar machen, woher die einzelnen Teilnehmer zugeschaltet sind.

Methodenablauf im Webinar

Um die Methode durchzuführen, bereitet Sandra eine Folie mit einer Landkarte vor. Auf dieser ist das (eigene) Land (mit seinen z. B. Bundesländern, Regionen o. ä.) abgebildet.

Sandra bittet die Teilnehmer, den Ort auf der Karte zu markieren, von welchem aus sie zugeschaltet sind.

Je nach Webinarraum erfolgt die Markierung mittels der Teilnehmerzeigepfeile oder mit dem Whiteboard (Teilnehmer zeichnen z. B. ein X oder markieren anderweitig).

Verwendete Tools (Werkzeuge) im Webinarraum

Folie mit Landkarte (Präsentationsfläche), Whiteboard

Zeitaufwand im Webinar

wenig bis mittel

Teilnehmerbeteiligung

gesamte Gruppe

Tipp

Bei einer kleinen Teilnehmergruppe kann die Benennung der Orte über das Mikrofon durchgeführt werden.

Die Teilnehmer schalten dazu der Reihe nach (bzw. nach Ansage der E-Trainerin) ihr Mikrofon auf, stellen sich vor und markieren gleichzeitig auf der Karte ihren Standort.

Bei großen Teilnehmergruppen und/oder sollte das Whiteboard nicht für die Teilnehmer gleichzeitig nutzbar sein, schreiben die einzelnen Personen ihren Standort in den Textchat. Hier gilt es für die E-Trainerin, insbesondere bei vielen Personen, zu strukturieren (während er die Meldungen vorliest). Gleichzeitig kann die E-Trainerin auch eine entsprechende Ortsmarkierung auf der Karte setzen.

Variante
Diese Methode eignet sich ebenfalls zum Ankommen. Die Teilnehmer werden z. B. aufgefordert, die Orte zu markieren, an welchen sie bereits Urlaub (im eigenen Land) gemacht haben.

Change 2D-3D
Im 3D Raum lässt sich diese Methode mit der gleichen Vorbereitung durchführen. Dazu wird die Folie mit der Landkarte auf der Medienwand dargestellt. Die Teilnehmer agieren mit ihrem Zeigepfeil bzw. dem Laserpointer.

5.1.4 Schnelles Gruppenbild (2D)

Praxiseinstieg

Markus hat eine große Webinargruppe und wenig Zeit, da nur eine neunzigminütige Session geplant ist. Eine Vorstellungsrunde im eigentlichen Sinn am Mikrofon ist nicht durchführbar, da dies zu viel Zeit beanspruchen würde.

Trotzdem möchte er in gewisser Weise eine „Vorstellungsrunde" ermöglichen. Wichtig ist ihm, die Gruppe insgesamt sichtbar zu machen.

Methodenablauf im Webinar

Drei Fragen, das Abfrage/Umfragetool und den Textchat will Markus für das Vorgehen nutzen.

Dazu bereitet er auf einer ersten Folie folgende Frage vor: „Wie oft waren Sie schon in einem virtuellen Raum?" Er hat dazu eine Abfrage vorbereitet, die er für die Teilnehmer öffnet und diese beantworten lässt. Als Antwortmöglichkeiten können sich anbieten: (1) „Heute ist das erste Mal", (2) „Schon ein paar Mal", (3) „Nahezu täglich".

Nach der Abstimmung zeigt Markus die Ergebnisse der Gruppe und kommentiert gegebenenfalls kurz.

Auf der zweiten Folie bietet sich die Frage an: „Woher sind Sie zugeschaltet?" Die Antwort bittet er die Teilnehmer in den Textchat zu schreiben.

Die dritte Folie fragt die Erwartungen zum Thema ab: „Was möchten Sie von der Session heute mitnehmen?" Die Antwort dazu lässt Markus stichwortartig wiederum in den Textchat zu schreiben.

Verwendete Tools (Werkzeuge) im Webinarraum
Folien (Präsentationsfläche), Umfrage/Abfragetool und Textchat

Zeitaufwand im Webinar
wenig bis mittel

Teilnehmerbeteiligung
gesamte Gruppe

Tipp
Je nach Webinarraum können die Umfragen sowohl anonymisiert oder (nach Ankündigung, vgl. Datenschutzvorgaben) personalisiert eingestellt werden.
Außerdem bieten manche Räume die Möglichkeit für freie Antworten innerhalb der Umfragen an.

Variante
Die Methode eignet sich ferner sowohl zum Ankommen, als auch für einen Themeneinstieg. Die Fragen sind dann entsprechend zu wählen.

5.1.5 Speed-Dating Karussell (3D)

Praxiseinstieg

Markus will die Teilnehmergruppe schnell zueinander Kontakt finden lassen, da im weiteren Webinarverlauf intensive Kleingruppenarbeiten vorgesehen sind. Er wählt daher eine Vorstellungsrunde in Form eines „Speed-Dating".

Methodenablauf im Webinar

Im 3D Raum versammelt Markus die Teilnehmer in einem großen Raum bzw. einem Außenbereich.

Dort bittet er die Hälfte der Gruppe, sich in einem kleineren Innenkreis und die restlichen Teilnehmer, sich in einem größeren Außenkreis aufzustellen. Die Teilnehmer stehen sich einander zugewandt in Zweiergruppen gegenüber.

Die Anweisungen zur Aufgabe könnten folgende sein:
"Sie haben nun immer eine Minute pro Gruppierung Zeit. Tauschen Sie sich zur vorgegebenen Fragestellung aus".

Markus ergänzt außerdem: "Nach einer Minute gebe ich ein Signal und – je nach Ansage – wechselt der Innen- oder Außenkreis dann weiter".

Beispiele für Fragestellungen können sein: (1) „Wie geübt sind Sie im virtuellen Lernen?" (2) „Welche E-Learning Szenarien kennen Sie bereits?" (3) „Was interessiert Sie am Thema?" usw.

Verwendete Tools (Werkzeuge) im Webinarraum

Mikrofon

Zeitaufwand im Webinar

mittel

Teilnehmerbeteiligung
gesamte Gruppe

Tipp
Auf diese Weise können auch „typische Vorstellungsrunden" durchgeführt werden.

Dazu ist es dann sinnvoll, je Zweiergruppierung, zwei Minuten Zeit für den ersten Austausch zu geben. Jede Person hat dann die Möglichkeit sich in einem Elevator-Pitch innerhalb einer Minute vorzustellen. Anschließend erfolgt der Wechsel.

Variante
Eine Nutzung der Methode zur thematischen Arbeit ist ebenfalls denkbar. Der Austausch mit den Fragen erfolgt in diesem Fall themenbezogen.

Inspiriert durch Gruppenleiterseminar Damm, vgl. Lit. 11

5.1.6 Szenarien stellen (3D)

Praxiseinstieg

Zu Beginn einer Reihe von Webinaren im 3D Raum möchte Markus den Teilnehmern das Kennenlernen erleichtern, indem er Gemeinsamkeiten aufzeigt.

Er plant, mit einer Aufstellung im Raum sichtbar zu machen:

* woher die Teilnehmer kommen,

* wie viel Vorerfahrung die Einzelnen mit dem Lernen in virtuellen Szenarien haben und

* wie „wohl" sie sich im aktuellen virtuellen Lernumfeld fühlen.

Methodenablauf im Webinar

Im 3D Szenario wählt Markus einen Bereich mit viel Platz für die Gruppe (z. B. einen großen Raum oder einen Außenbereich). Er bittet die Teilnehmer sich entsprechend seiner Anweisungen (s. o.) aufzustellen.

Die Anweisungen dazu können lauten:

* „An diesem Punkt hier, an welchem ich stehe, ist Süden. Stellen Sie sich bitte entsprechend Ihres Heimatortes (Himmelsrichtung) auf."

* „Stellen Sie sich vor, hier bei mir befindet sich die Null auf der Skala. Mir gegenüber, am anderen Ende des Raumes ist die Zehn. Verteilen Sie sich entsprechend Ihrer Vorerfahrung im virtuellen 3D Raum – mit Null (gar nicht) bis Zehn (Sie sind nahezu täglich dort)."

* „Und zuletzt stellen Sie sich wiederum entsprechend auf, wie wohl Sie sich hier im 3D Szenario fühlen. Mit Null (überhaupt nicht) bis 10 (sehr wohl)."

Verwendete Tools (Werkzeuge) im Webinarraum
gegebenenfalls. Mikrofon

Zeitaufwand im Webinar
mittel

Teilnehmerbeteiligung
gesamte Gruppe

Tipp
Je nach gewünschter Bindungstiefe kann der E-Trainer die einzelnen Teilnehmer bei den jeweiligen Abfragen anschließend über das Mikrofon Ergänzungen zu ihrem Standort (bei der jeweiligen Frage) ausführen lassen.

Variante
Diese Methode eignet sich gleichfalls zum Ankommen, zur thematischen Arbeit oder zur Zusammenfassung. Aufgestellt werden kann dann z. B. der Grad der Sicherheit der Teilnehmer im Thema.

Inspiriert durch Aufstellungsarbeit (Soziogramm)

5.1.7 Vorstellung mit Bild (2D)

Praxiseinstieg

Gleich in der Vorstellungsrunde möchte Sandra dafür sorgen, dass jede Person auch schnell Zugang zum Thema der Schulung findet.

Methodenablauf im Webinar

Sandra wählt ein zum Thema passendes Bild und stellt dies auf einer Folie dar. Die Aufgabe für die Teilnehmer besteht darin, sich über das Mikrofon vorzustellen.

Sandra formuliert dies so: „Stellen Sie sich bitte kurz vor. Gehen Sie dabei auf eine Verbindung zwischen sich, dem Bild und dem Thema, welches wir heute besprechen, ein."

Verwendete Tools (Werkzeuge) im Webinarraum

Folie mit Bild und Fragestellung (Präsentationsfläche), Mikrofon

Zeitaufwand im Webinar

mittel

Teilnehmerbeteiligung

gesamte Gruppe

Tipp

Eine solche Vorstellung bietet sich z. B. für ein Thema mit Coaching-Aspekten an.

Sofern nicht genügend Zeit ist alle Person frei am Mikrofon formulieren zu lassen, kann die Form der Antwort beispielhaft vom E-Trainer demonstriert werden.

Beispielsweise: „Ich bin/mein Name ist ... das Bild spricht mich an, weil ... und das verbinde ich folgendermaßen mit dem Thema ...".

Variante

Durch mehrere Bilder kann die E-Trainerin die Methode flexibler gestalten. Wichtig ist, dass in jedem Fall die Verbindung Teilnehmer-Bild-Thema dargestellt wird.

Change 2D-3D

Mit einer kleinen Anpassung ist diese Vorstellung auch im 3D Raum umsetzbar. Dazu wählt die E-Trainerin einen möglichst großen Raum und lässt die Teilnehmer sich passend zum Szenario im Raum aufstellen.

Die Anweisung lautet dann: „Stellen Sie sich bitte kurz vor. Gehen Sie dabei auf die Verbindung ein, die zwischen Ihnen, dem virtuellen Raum, in welchem wir uns befinden, und dem Thema, welches wir heute besprechen, besteht."

Inspiriert durch Kohrs Jan-Torsten, vgl. Lit. 19

5.1.8 Wahr – Unwahr (2D)

Praxiseinstieg

Um sich zu den Namen auf der Teilnehmerliste möglichst schnell tatsächliche Personen vorstellen zu können, möchte Markus, dass die Teilnehmer eine Wahr-Unwahr Frage zu sich stellen. Die restliche Gruppe soll dann eine Einschätzung abgeben, ob sie die Aussage für wahr oder unwahr halten.

Methodenablauf im Webinar

Markus bereitet eine Folie mit folgenden Stichworten vor: (1) „Name", (2) „Schwerpunkt meiner Tätigkeit" – und der Frage: „Glauben Sie mir, dass ich schon mal ... getan habe?"

Die Anweisung an die Teilnehmer lautet dann, dass diese sich zu den ersten beiden Punkten mit einem Satz (über das Mikrofon) vorstellen sollen. Zum dritten Punkt soll vom Teilnehmer eine Frage in die Runde gestellt werden. Beispielsweise: „Glauben Sie mir, dass ich schon mal mit dem Fallschirm abgesprungen bin?"

Die restliche Gruppe kann dann eine Rückmeldung abgeben (z. B. über den Zustimmen/Nicht-Zustimmen Button). Anschließend löst der Fragesteller auf.

Auf diese Weise lassen sich schnell Gemeinsamkeiten in der Gruppe entdecken.

Verwendete Tools (Werkzeuge) im Webinarraum

Folie mit Stichworten (Präsentationsfläche), Mikrofon

Zeitaufwand im Webinar

mittel

Teilnehmerbeteiligung

gesamte Gruppe

Tipp

Diese Art der Vorstellungsrunde kann auch umfangreicher gestaltet werden, wenn jede Person zu sich eine ganze Folie mit Zahlen/Daten/Fakten und einem persönlichen Bild vorbereitet. Die Frage zu Wahr-Unwahr wird jeweils am Ende der Vorstellung gestellt.

Variante

Es sind einige Varianten zum letzten Teil denkbar:

- Fragen z. B.: „Verreise ich lieber in die Berge oder ans Meer?"

- Aussagen, wie: „Ich lerne genauso gerne, wie ich Wissen weitergebe!"

- (Thematische) Thesen, beispielsweise: „Nach meiner Auffassung sollte E-Learning Präsenzlernen komplett ersetzen!"

Aus Thesen ergeben sich oft spannende Einstiege ins jeweilige Webinarthema.

5.2 Ankommen

Webinare finden überwiegend punktuell, also z. B. einmal pro Woche zu einem bestimmten Zeitpunkt für neunzig Minuten statt. Oft zu „randlichen" Zeiten im beruflichen Alltag, also beispielsweise gleich morgens oder nach Büroschluss.

Nehmen die Teilnehmer in solchen Fällen nicht vom Arbeitsplatz aus teil, sind sie möglicherweise schon quer durch die Stadt gefahren und haben es gerade noch pünktlich geschafft sich einzuloggen.
Einzelne hatten aber vielleicht einen freien Tag und schalten sich trotzdem für die neunzig Minuten zum Webinar dazu.

Insbesondere bei Webinarreihen macht es keinen Sinn jedes Mal mit einer Vorstellungsrunde zu beginnen.

Doch damit jeder auch innerlich ankommt, sich inhaltlich fokussiert und in der Gruppe wiederfindet, leitet der E-Trainer idealerweise den Webinarbeginn bewusst an.

Das gemeinsame Ankommen dauert dabei grundsätzlich so kurz wie möglich und so lange wie nötig.

Der E-Trainer und die Gruppe erfassen dadurch das Befinden der einzelnen Personen (z. B. klingt die Stimme müde, erschöpft oder krank) und können sich selbst auf das Lernszenario einstellen.

Der E-Trainer hat ferner durch die vorgestellten Methoden die Möglichkeit die Stimmung Einzelner und der Gruppe mit Aspekten zu ergänzen, die ihm in Präsenzveranstaltungen die Beobachtung der Körpersprache liefern würde.

Insbesondere erfährt er beispielsweise wesentlich mehr, als durch Antworten auf die Frage: „Wie geht es Ihnen heute?" – „Gut!", „OK!", „Geht so!"

Neben dem Fokus, die soziale (Ver-)Bindung der Teilnehmer untereinander und mit dem Trainer durch solche Runden zu fördern, kann der E-Trainer so zwei bis drei Minuten am Anfang überbrücken. Auf diese Weise haben später Gekommene die Möglichkeit, sich noch ins Thema einzufinden.

5.2.1 Blick aus dem Fenster (2D)

Praxiseinstieg

In der ersten Session haben sich die Teilnehmer mit einer Vorstellungsrunde bekannt gemacht. Beim zweiten Termin ermöglicht Sandra mit dieser Methode einen Blick auf das räumliche Umfeld der Teilnehmer.

Methodenablauf im Webinar

Zum Ankommen zeigt Sandra eine Folie, auf welcher das Bild eines Fensters zu sehen ist. Sie führt aus: „Ich hoffe Sie alle sitzen im Moment in einem Raum, der ein Fenster hat. Beschreiben Sie uns doch bitte in einem kurzen Satz über das Mikrofon, was Sie sehen, wenn Sie aus dem Fenster schauen."

Verwendete Tools (Werkzeuge) im Webinarraum

Folie Bild (Präsentationsfläche), Mikrofon

Zeitaufwand im Webinar

wenig

Teilnehmerbeteiligung

gesamte Gruppe

Tipp

Um das Ankommen zeitlich im Griff zu behalten, hat es sich bewährt, wenn die E-Trainerin mit der Beschreibung vom „Blick aus dem Fenster" selbst beginnt.

Gruppendynamisch förderlich ist, wenn sich spontan ein Austausch entwickelt der dann, in gewissem Rahmen, auch von der E-Trainerin zugelassen wird (es sind z. B. schon Diskussionen über Eissorten von der „Eisdiele gegenüber" entstanden).

Variante

Die Methode bietet sich auch als Abschluss einer Webinarsession an: „Auf welchen Anblick aus Ihrem Fenster freuen Sie sich schon?"

Die Perspektive kann dann z. B. die Frühlingsblüte nach dem Wintergrau mit dem Blick nach vorne sein (Stichwort: Perspektivenwechsel).

Change 2D-3D

Im 3D Raum sind Perspektiven innerhalb und außerhalb eines Gebäudes möglich. Beispielsweise: „Was sehen Sie? Warum spricht Sie dieser Blick heute an?"

5.2.2 **140 Zeichen (3D)**

Praxiseinstieg

In der Regel ist Markus ca. fünfzehn Minuten vor Beginn einer Session da. Diese Vorlaufzeit nutzt er meist für das Ankommen und Begrüßen der Teilnehmer und den ersten Soundcheck mit diesen. Da die Teilnehmer dies wissen, kommen sie oft etwas früher.

Heute, in der dritten Session einer Reihe, können die Teilnehmer die Vorlaufzeit zusätzlich nutzen, um auf einem Board im Eingangsbereich mit einem Satz (maximal 140 Zeichen) ein kurzes Statement zu ihren bisherigen Erkenntnissen zum Kurs abzugeben.

Methodenablauf im Webinar

Markus hat auf einem Board im Bereich des Ankommens, im 3D Szenario, den Satz: „Mein wichtigster Punkt bisher ist: ..." notiert. Die Teilnehmer sollen mit einem Satz (maximal 140 Zeichen) etwas dazu auf dem Board vermerken.

Nachdem alle da sind, bekommen alle maximal fünf Minuten Zeit um bisherige Aussagen zu lesen und eigene Aussagen zu formulieren bzw. diese zu vervollständigen.

Je nach Rückmeldung kann der E-Trainer auf einzelne Aussagen eingehen (gegebenenfalls erst im weiteren Verlauf der Session) oder noch um Rückmeldung von Teilnehmern bitten.

Verwendete Tools (Werkzeuge) im Webinarraum

Fragestellung auf einem Board bzw. einer Folie

Zeitaufwand im Webinar

wenig

Teilnehmerbeteiligung
gesamte Gruppe

Tipp
Speichert der E-Trainer die Aussagen (als Screenshot) ab, können diese nicht nur im weiteren Verlauf oder zum Abschluss des Webinars nochmals reflektiert werden. Auch das Sammeln für einen späteren Zeitpunkt in einer Webinarreihe ist damit möglich.

Variante
Die Methode lässt sich jederzeit, auch anonymisiert und auch zu kritischen Fragestellungen z. B. in der thematischen Arbeit, durchführen.

Change 2D-3D
Im virtuellen 2D Raum lässt sich diese Methode gleichfalls durchführen. Personalisiert ist dies über den Textchat machbar. Sollen die Aussagen anonym möglich sein, dann wird besser das Whiteboard genutzt.

Inspiriert durch Kohrs Jan-Torsten, vgl. Lit. 20

5.2.3 Farbbefinden (2D)

Praxiseinstieg

Die heutige Session findet am Freitagabend statt. Hinter jedem Teilnehmer liegt in der Regel eine Arbeitswoche. Trotzdem ist es Sandra wichtig, dass die Teilnehmer im Webinarthema gut mitarbeiten können. Sandra befragt die Teilnehmer zu ihrem Befinden mit Hilfe von Farbassoziationen.

Methodenablauf im Webinar

Eine vorbereitete Folie zeigt verschiedenste Farben. Sandra hat sich dafür einen Farbkreis aus Malfarben ausgesucht. Sie bittet die Teilnehmer um ein Statement über das Mikrofon: „Wir machen heute eine kurze Runde in der Teilnehmerliste von unten nach oben zu der Frage: Welche Farbe passt heute zu mir – und warum?"

Die Antwort eines Teilnehmers lautet dann z. B.: „Blau, weil ich heute entspannt bin." Genauso ist aber auch die Rückmeldung: „Blau, weil ich heute müde bin." möglich. Auf diese Weise erfährt Sandra mehr zum tatsächlichen Befinden. Sie kann den wahrgenommenen Zustand beispielsweise kommentieren oder auch bei z. B. kranken Teilnehmern darauf Rücksicht nehmen (Antworten von diesen eher über den Textchat erfragen als über das Mikrofon).

Verwendete Tools (Werkzeuge) im Webinarraum

Folie mit Farben in jeglicher Aufbereitung (Präsentationsfläche), Mikrofon

Zeitaufwand im Webinar

wenig

Teilnehmerbeteiligung

gesamte Gruppe

Tipp

Ist das Zeitbudget eng oder die Gruppe groß, kann die Runde über den Textchat durchgeführt werden. Dazu stellt die E-Trainerin die o. g. Frage und bittet dann die Antwort stichwortartig in den Textchat zu schreiben: „Schreiben Sie beispielsweise: Blau – weil ich entspannt bin. Oder Rot – weil die Woche anstrengend war".

Da Teilnehmer in der Regel weniger ausführlich in ihren Ausführungen beim Schreiben als beim Sprechen sind, können die Meldungen von der E-Trainerin vorgelesen werden. Hierbei ist es wichtig, dass immer genau benannt wird, wer welche Meldung geschrieben hat und sie wörtlich vorzulesen: „Herr Müller schreibt: Gelb – weil es heute schön sonnig war. Frau Maier meint: ...".

Variante

Das „Farbbefinden" ermöglicht z. B. auch die Reflexion des Wissensstandes zu einem Thema.

Dazu wird je eine „farbliche" Abfrage zu Beginn, mittig und am Ende einer Themenbearbeitung abgefragt und notiert. Entwicklungsverläufe werden so sichtbar und zeigen den Teilnehmern ihre Lernerfolge auf.

5.2.4 Gleichseitig im Dreieck stehen (3D)

Praxiseinstieg

Sandra empfängt heute andere E-Trainer im Webinar und möchte das Ankommen nutzen, um parallel ins Thema einzusteigen.

Dazu will Sandra den Balanceakt visualisieren, den Trainer oft zwischen den Bedürfnissen von Teilnehmern und den Ansprüchen der Auftraggeber leisten müssen.

Methodenablauf im Webinar

Nachdem alle da sind, bittet Sandra die Teilnehmer in einen großen Raum oder einen Außenbereich des 3D Raumes. Die Aufgabe lautet: „Jede und jeder von Ihnen sucht sich zwei weitere Personen in der Gruppe aus. Sie dürfen jedoch nicht sagen (oder anderweitig deutlich machen), wen sie sich ausgesucht haben. Versuchen Sie nun sich so aufzustellen, dass Sie mit diesen Personen ein gleichseitiges Dreieck bilden (ein Dreieck, welches drei gleich lange Seiten besitzt). Bitte schweigen Sie in dieser Zeit".

Anschließend wird die Übung gemeinsam reflektiert.

Verwendete Tools (Werkzeuge) im Webinarraum

gegebenenfalls Mikrofon

Zeitaufwand im Webinar

mittel

Teilnehmerbeteiligung

gesamte Gruppe

Tipp

Die E-Trainerin beendet nach einer bestimmten Zeit die Aufgabe, da sonst immer wieder Bewegung entstehen wird.

Die Teilnehmer werden einige Male versuchen sich trotzdem verbal auszutauschen. Für das Empfinden ist es jedoch wichtig, dass die Übung schweigend vorgenommen wird. Erst in der Reflexion kann die E-Trainerin dann darauf eingehen, dass oft „Dreiecksverbindungen" vorhanden sind, die dem Einzelnen nicht unbedingt bewusst sind.

Variante

Die Teilnehmer werden in zwei Gruppen aufgeteilt und erhalten fünf Minuten zur Vorbesprechung (Stichwort: Thematische Arbeit) der Aufgabe, z. B. „Wie kann oder sollte das optimale Dreieck für die Beziehung Auftraggeber - Trainer - Teilnehmer aussehen?".

Anschließend wird dieses Ergebnis in einer Aufstellung von den Gruppen präsentiert und im Plenum diskutiert.

Inspiriert durch Glossner Albert, vgl. Lit. 9

5.2.5 Ich weiß, wer du bist! (3D)

Praxiseinstieg

Eine längere Webinarreihe liegt vor Markus und der Gruppe. Daher ist es ihm wichtig, dass sich die Teilnehmer gegenseitig erkennen und kennenlernen. Da jeder zumeist den eigenen Namen gerne hört, setzt Markus hier mit der Intensivierung der Gruppenbindung an.

Methodenablauf im Webinar

Als Erstes lässt Markus die Teilnehmer ihre Namenschilder ausblenden. Markus beginnt dann beispielhaft: „Hallo Frau X, Sie haben heute eine (Farbe benennen) Hose/Rock an. Was gefällt Ihnen an dieser Farbe?" Daraufhin antwortet Frau X und sucht sich dann einen weiteren Teilnehmer aus und spricht diesen an: „Hallo Herr Z, Sie haben heute ein (Farbe benennen) Hemd an. Was gefällt Ihnen an dieser Farbe?" Reihum wird die Befragung dann weitergeführt.

Verwendete Tools (Werkzeuge) im Webinarraum

Mikrofon

Zeitaufwand im Webinar

wenig bis mittel

Teilnehmerbeteiligung

gesamte Gruppe

Tipp

Grundsätzlich sollte während einer längeren Maßnahme im 3D Raum von den Teilnehmern immer der gleiche Avatar gewählt werden.

Der E-Trainer kann der Gruppe zu Beginn mitteilen, dass Varianten in der Farbe des Outfits des Avatars möglich (und gewünscht) sind.

Um den E-Trainer mit in die Runde einzubeziehen, kann der letzte Teilnehmer ihn, wenn gewünscht, am Ende mit einer Farbe/Kleidungsstück und der o. g. Frage ansprechen.

Sind die Teilnehmer noch nicht so fit die Namen der anderen Teilnehmer zu kennen, hilft entweder der E-Trainer oder der angesprochene Teilnehmer aus.
Ist eine grundsätzliche Übungsrunde erforderlich, werden dazu die Namenschilder nochmals eingeblendet.

Sind die Antworten auf die Frage: „Was gefällt Ihnen an dieser Farbe?", nicht ergiebig, kann z. B. (nach-)gefragt werden:
- „Ist die Farbe ihre Lieblingsfarbe?"
- „Was verbinden Sie mit dieser Farbe?" (vgl. „Farbbefinden" 5.2.3)
- „Hätten Sie eine andere Farbe gewählt, wenn Sie bewusst vorher darüber nachgedacht hätten?"

Variante
Denkbar ist die Weiterführung der Fragestellung zum Thema, z. B. mit: „Und wie passt die Farbe zur Thematik …?"

5.2.6 Schlüsselmoment (2D)

Praxiseinstieg

Sandra möchte eine intensive Arbeitsphase einleiten. Dazu ist es wichtig, dass sich die Teilnehmer gegenseitig als Personen wahrnehmen und nicht nur die Namen auf der Teilnehmerliste sehen.

Methodenablauf im Webinar

Um die Besonderheiten, z. B. Hobbys, Vorlieben usw. sichtbar zu machen, hat Sandra eine Folie vorbereitet. Diese zeigt einen einzelnen Schlüssel.

Sandra fragt nun in die Runde: „Erzählen Sie uns in ein bis zwei Sätzen etwas über einen besonderen Schlüssel an Ihrem Schlüsselbund. Der Schlüssel muss sich dabei nicht immer am Bund befinden. Was steckt hinter dem Schlüssel, was sagt er über Sie aus?"

Sie ergänzt mit einem Beispiel: „Also z. B. an meinem Schlüsselbund hängt ein Schlüssel fürs Fitnessstudio. Dort kann ich gut abschalten, einfach mal nicht denken."

Verwendete Tools (Werkzeuge) im Webinarraum

Folie mit Bild/Clipart eines Schlüssels (Präsentationsfläche), Mikrofon

Zeitaufwand im Webinar

wenig bis mittel

Teilnehmerbeteiligung

gesamte Gruppe

Tipp

Ist das Zeitbudget eng, oder die Gruppe groß, kann die Runde über den Textchat durchgeführt werden. Dazu stellt die E-Trainerin die o. g. Frage und bittet dann die Antwort stichwortartig in den Textchat zu schreiben: ...

Wiederum können die Meldungen vom der E-Trainerin vorgelesen werden. Diese sollte daran denken, dass immer genau benannt wird, wer welche Meldung geschrieben hat und sie wörtlich vorzulesen: „Herr Meier schreibt: ... Frau Walter meint: ..."

Steht hingegen mehr Zeit zur Verfügung, können die Teilnehmer auch mehr als einen Schlüssel beschreiben.

Variante

Der „Schlüsselmoment" kann auch zur Reflexion im Lernthema genutzt werden.

Dazu wird eine Folie mit Bildern/Clipart von einem oder mehreren Schlüsseln vorbereitet. Die Teilnehmer haben dann die Möglichkeit entweder über das Whiteboard auf der Folie ihre „Schlüsselmomente im Lernthema" zu notieren. Eine vertiefte Bearbeitung zur Lernkontrolle über das Mikrofon kann sich dann gegebenenfalls anschließen.

Inspiriert: Wendorff Jörg, vgl. Lit. 36

5.2.7 Was mir wichtig ist (3D)

Praxiseinstieg

Die Teilnehmergruppe erwartet eine intensive Zusammenarbeit über einen längeren Zeitraum hinweg. Auch sind immer wieder Gruppenarbeiten und am Ende eine Prüfung vorgesehen. Es ist daher wichtig, dass sich die Teilnehmer aufeinander und auf das Lernumfeld einlassen können. Markus nutzt den zweiten Termin, um abzuklären, was den Teilnehmern wichtig ist und welche Punkte zur Gruppenzusammenarbeit bisher nicht angesprochen wurden, um herauszufinden, auf welche Aspekte er noch achten muss.

Methodenablauf im Webinar

Da es Markus wichtig ist, ein umfassendes Bild zu erhalten, wird er alle Frage anonym beantworten lassen. Dazu erklärt er den Teilnehmern noch einmal, wie sie auf den Boards arbeiten können, ohne dass ein Posting personenbezogen ist. Außerdem hat er die einzelnen Fragen in verschiedenen Nebenräumen des 3D Szenarios vorbereitet, sodass alle in Ruhe und vertraulich arbeiten können.

Folgende Frage/Aufgabenstellungen sind z. B. denkbar:

- „Gut finde ich, wenn die Gruppe so zusammenarbeitet: ..."
- „Was ich auf keinen Fall erleben möchte, ist: ..."
- „Ich arbeite am liebsten so: ..."
- „Was ich auf jeden Fall gleich am Anfang sagen will, ist: ..."

Nach der Einzelarbeit wandert Markus mit der Gruppe gemeinsam von Board zu Board und reflektiert die Rückmeldungen.

Verwendete Tools (Werkzeuge) im Webinarraum
Folien mit den einzelnen Fragestellungen (Präsentationsfläche) bzw. diese auf den Boards

Zeitaufwand im Webinar
mittel bis hoch

Teilnehmerbeteiligung
gesamte Gruppe

Tipp
Die Gruppe benötigt ausreichend Zeit zur Bearbeitung und zur anschließenden Diskussion. Außerdem lohnt es sich meist, die Ergebnisse abzuspeichern.

Aus den Rückmeldungen können, sofern gewünscht (oder notwendig), Gruppenregeln abgeleitet werden.

Variante
Die Eingangsfragen, mit den gesammelten Meldungen der Teilnehmer können gleichfalls am Ende des Webinars zur Reflexion genutzt werden.

Inspiriert: Klee Oliver, vgl. Lit. 17

5.3 Thematische Arbeit

Immer dann, wenn Lernende bewusst und intensiv im Austausch, am Lerninhalt und im Lernprozess sind, nehmen insbesondere erwachsene Teilnehmer am meisten für sich selbst mit.

Dies formulierte Prof. Dr. Rolf Arnold von der Technischen Universität Kaiserslautern bereits 1996 in seinen „Kriterien erwachsenengemäßen Lernens" (vgl. Lit. 2, S. 199).
Er führt auf, dass *„Lernen durch Austausch gefördert wird".* Damit wird es möglich, dass die *„eigenen Erfahrungen der Lernenden mit einbezogen werden können"* und das *„Lernen für die Teilnehmer erlebbar wird".* Wichtig dabei ist auch, dass das *„Lernen aktiv durch die Lernenden mitgestaltet und beeinflusst werden kann".*
Interaktive Methoden und intensiver Austausch zum Thema fördern nach meiner Auffassung auch im virtuellen Raum *„die kommunikativen und sozialen Ebenen bei den Lernenden"* und dass die *„Lerninhalte durch die Lernenden selbst erschlossen werden können".*

Ein Thema zu bearbeiten, erfordert immer Zeit.

Agiert der E-Trainer jedoch als Alleinunterhalter, ohne Möglichkeit für die Teilnehmer, interaktiv mitzumachen, dann suchen sich diese einen anderen Weg zum Austausch (WhatsApp, Facebook und der Textchat „lassen grüßen").

In virtuellen 2D & 3D Szenarien kann intensiv zusammen mit den Teilnehmern am Thema gearbeitet werden. Diese Möglichkeiten gilt es zu nutzen.

Meiner Meinung nach ist Frontalunterricht „out" und dies nicht nur in der Präsenz. Wichtig ist also, dass sich E-Trainer darüber klar sind, was im jeweils genutzten virtuellen Raum möglich ist. Dabei gilt es nicht nur zu berücksichtigen, welche Werkzeuge der jeweilige Raum zur Verfügung stellt.

Bedacht werden sollte z. B., dass die virtuelle Kommunikation oft mehr Zeit benötigt, als die in Präsenzveranstaltungen. Dabei liegt dies nicht unbedingt nur an der fehlenden Wahrnehmung der Körpersprache.

Technische Probleme, Übertragungsverzögerungen oder wenig geübte Teilnehmer in der Nutzung virtueller Räumlichkeiten haben Einfluss darauf, wie flüssig eine Methode umgesetzt werden kann.

Des Weiteren entwickeln manche Teilnehmergruppen eine Vorliebe bzw. Abneigung für bestimmte Tools im virtuellen Raum. Der E-Trainer muss daher auf solche Anzeichen achten und diese in den Ablauf seiner Methoden mit einbauen.

Die in diesem Kapitel aufgelisteten Methoden sollen Ideen aufzeigen und Einstiege in die thematische Arbeit liefern.

5.3.1 Blick von innen, außen & oben (3D)

Praxiseinstieg

Sandra plant, ein Thema aus der Innen-, der Außen- und gleichzeitig der Metaperspektive zu betrachten. Damit soll den Teilnehmern sowohl das direkte Erleben in der Diskussion, als auch eine Beobachterperspektive ermöglicht werden.

Methodenablauf im Webinar

Alle Teilnehmer versammeln sich in einem größeren Bereich im 3D Raum. Die Gruppe teilt sich (zur Gruppeneinteilung vgl. 5.4.2) in einen größeren Teil (die „Beobachter") und eine kleinere Gruppierung (die „Aktiven", in der Regel sind dies 2-4 Personen) auf.

Die „Aktiven" platzieren sich in einem Setting, z. B. einem kleinen Innenkreis in der Mitte, und die „Beobachter" außen herum. Nach Festlegung der Diskussionszeit tauschen sich die „Aktiven" zum vereinbarten Thema über das Mikrofon aus.

Unter der Moderation von Sandra reflektieren im Anschluss zuerst die „Aktiven", danach die „Beobachter" und zuletzt die gesamte Gruppe zum Prozess insgesamt. Wichtige Punkte hält Sandra dabei auf einem Board fest.

Verwendete Tools (Werkzeuge) im Webinarraum

Großer Raum, Mikrofon, Board

Zeitaufwand im Webinar

mittel bis hoch

Teilnehmerbeteiligung

gesamte Gruppe

Tipp

Wichtig ist, dass die „Beobachter" während der Durchführung ausschließlich wahrnehmen und zuhören und sich nicht aktiv in die Diskussion im Innenkreis einbringen.

Punkte, welche den „Beobachtern" wichtig erscheinen, können in der gemeinsamen Reflexion angesprochen werden.

Variante

Neben der Durchführung von kontroversen Diskussionen mit verschiedenen Standpunkten lässt sich diese Methode auch am Ende einer Themenarbeit, z. B. zur Reflexion einsetzen.

Die Methode „Fishbowl" lässt sich gleichfalls ergänzend einbauen. Dazu wird ein Platz bei den „Aktiven" frei gelassen.

Will sich ein Beobachter in die Diskussion mit einbringen, nimmt er den freien Platz ein. Genauso kann ein „Aktiver", wenn seine Punkte erledigt sind, zurück in den Außenkreis gehen (vgl. „Meinungsverschiebung" 5.3.11).

Change 2D-3D

Im 2D Raum ist diese Methode etwas eingeschränkt auch durchführbar.

Die „Aktiven" lassen dazu ihre Mikrofone während der Diskussion offen.

Die „Beobachter" hören zu (Wichtig: Es darf kein Austausch der „Beobachter" über den Textchat erfolgen, während die „Aktiven" diskutieren).

Inspiriert durch Grein Marion, vgl. Lit. 10

5.3.2 Die 4-Wahlmöglichkeiten (3D)

Praxiseinstieg

Da es oft kein Falsch oder Richtig gibt, möchte Markus mit seinen Teilnehmern ein Thema von verschiedenen Seiten betrachten. Ihm ist außerdem wichtig, dass zu allen Blickwinkeln entsprechende Argumente gesammelt werden.

Methodenablauf im Webinar

Im 3D Raum kommen alle in einem größeren Bereich zusammen, der vier (bzw. Anzahl der Aspekte, die diskutiert werden sollen) deutlich sichtbare Auffälligkeiten (z. B. Ecken, Lampen, Bäume usw.) anbietet.

Markus führt in das Thema ein und erläutert die (z. B. vier) verschiedenen Sichtweisen. Er bittet die Teilnehmer, sich zu dem Aspekt zu stellen, der am ehesten ihrer Sichtweise entspricht. Die gebildeten Gruppierungen tauschen sich dann ca. fünf bis zehn Minuten über das Mikrofon aus. Die Gruppen ziehen sich dazu räumlich zurück (entweder im gleichen Raum, gegebenenfalls in Nebenräume) und notieren Stichworte zu ihren Schwerpunkten.

Anschließend erfolgt im Plenum die Präsentation der Ergebnisse und wie die Gruppe zu diesen kam. Gegebenenfalls kann eine Diskussion anschließen.

Verwendete Tools (Werkzeuge) im Webinarraum

Großer Raum mit Wahlmöglichkeiten, Mikrofon, Board

Zeitaufwand im Webinar

mittel bis hoch

Teilnehmerbeteiligung

gesamte Gruppe

Tipp

Die Teilnehmer müssen sich für einen Aspekt entscheiden. Im Zweifelsfall kann vom E-Trainer ein weiterer Aspekt (Stellplatz) eröffnet werden.

Variante

Ist genug Zeit, kann der E-Trainer zwei Durchgänge anbieten. Dazu wechseln die Teilnehmer beim zweiten Mal beispielsweise zu dem Aspekt, welchem sie am wenigsten zustimmen.

Diese Methode lässt sich auch am Ende zur Reflexion einsetzen.

Change 2D-3D

2D Räume, in welchen Breakout-Rooms vorhanden sind und die eine gemeinsame Bearbeitung des Whiteboards zulassen, ermöglichen die Methode gleichfalls.

Nach Vorstellung der Varianten wechseln die Teilnehmer für eine festgelegte Zeit in den jeweiligen Nebenraum (oder werden vom E-Trainer zugeteilt), tauschen sich aus und notieren ihre Erkenntnisse stichwortartig auf dem Whiteboard. Im Anschluss werden die Ergebnisse im Plenum besprochen.

Inspiriert durch Konrad-Adenauer-Stiftung, vgl. Lit. 22

5.3.3 Fakt oder Interpretation (2D)

Praxiseinstieg

Der Mensch nimmt die Vielzahl der Informationen, die auf ihn pro Tag einstürmen, u. a. durch Vereinfachungen, Filter und Metaprogramme wahr.

Eine „objektive" Wahrnehmung tatsächlicher Gegebenheiten gibt es daher nicht. Dies wird bei vielen Themen sichtbar und eignet sich damit auch als Einstieg in die Themenbearbeitung.

Markus wählt ein Bild, welches sich anbietet zu interpretieren. Beispielsweise das Bild „Paranoiac Face" von Salvador Dali (1937).

Methodenablauf im Webinar

Markus zeigt das von ihm gewählte Bild und bittet die Teilnehmer, mit Stichworten im Textchat kurz zu beschreiben, was sie sehen. Dabei lässt er alle Formulierungen zu, kommentiert nicht. Anschließend prüft er zusammen mit der Gruppe (Austausch über das Mikrofon), was tatsächlich zu sehen ist – und was Interpretation war.

Verwendete Tools (Werkzeuge) im Webinarraum

Folie mit passendem Clipart/Bild zum Thema (Präsentationsfläche), Textchat, Mikrofon

Zeitaufwand im Webinar

mittel

Teilnehmerbeteiligung

gesamte Gruppe

Tipp

Wichtig ist, dass der E-Trainer zu Beginn alle Beschreibungen zulässt. Die Unterscheidung Fakt oder Interpretation ist der zweite Schritt, der dann zum „Aha-Erleben" führen soll.

Variante

Spannend ist es in diesem Zusammenhang, Bilder zu verwenden, die mit optischen Täuschungen arbeiten (z. B. die Bilder von Sandro Del Prete). Bei solchen Illustrationen kann mit der Coachingtechnik „Perspektivenwechsel" gearbeitet werden.

Der Perspektivenwechsel kann gleichfalls Anhaltspunkte liefern um:

- gemeinsam anzukommen und sich auf das Thema auszurichten,
- aufzulockern,
- oder zwischendrin, sowie am Ende zur reflektieren: „Was habe ich Neues erfahren, dass ich vorher nicht „gesehen" habe?"

5.3.4 Filmhopping (3D)

Praxiseinstieg

Das menschliche Gehirn liebt Geschichten, Stichwort: Storytelling. Und die meisten Lernenden ziehen ein kurzweiliges Video zu einem Thema, einer langatmigen PowerPoint Präsentation des Trainers vor.

Sandra möchte die Teilnehmer heute mit verschiedenen Kurz-Videos in die unterschiedlichen Aspekte des Themas einführen und zur Diskussion anregen.

Methodenablauf im Webinar

Sandra bereitet in mehreren Gruppenräumen, verschiedene Videos (z. B. von YouTube, Vimeo o. ä.) zum Thema vor.

Außerdem erhalten die Teilnehmer ergänzende Fragen, die in der Kleingruppe nach dem Betrachten des Filmes besprochen werden sollen. Sandra bittet die Teilnehmer, die Ergebnisse der Diskussion auf einem Board festzuhalten.

Nach Ablauf der Gruppenphase berichtet jede Gruppe von ihrem Themenbereich, der Diskussion und den Ergebnissen bzw. Erkenntnissen.

Verwendete Tools (Werkzeuge) im Webinarraum

Präsentationsfläche, Board, Dokument mit Fragen

Zeitaufwand im Webinar

mittel bis hoch

Teilnehmerbeteiligung

gesamte Gruppe

Tipp

Für einen reibungslosen Ablauf ist es sinnvoll, pro Kleingruppe einen Moderator zu bestimmen.

Dieser startet den Film, wenn alle Personen der jeweiligen Gruppe im entsprechenden Gruppenraum anwesend sind, und sorgt für die notwendige Struktur zur Diskussion.

Die Vorstellung der Ergebnisse kann, muss aber nicht vom Moderator übernommen werden.

Von der E-Trainerin ist darauf zu achten, dass die Filme eine vergleichbare Länge haben. Ungleichheiten könnten andernfalls durch zusätzliche oder alternative Fragestellungen ausgeglichen werden.

Variante

Die Methode kann ebenfalls zum Einstieg oder zur Reflexion eines Themas durchgeführt werden.

Dazu betrachtete die Gruppe zunächst gemeinsam ein Kurz-Video.

Anschließend sortieren sich die Teilnehmer zur Diskussion (gegebenenfalls anhand bestimmter Fragen) in Kleingruppen.

Die Ergebnisse der Diskussionen werden dann wiederum im Plenum besprochen.

Change 2D-3D

Die als Variante beschriebene Vorgehensweise lässt sich auch im virtuellen 2D-Raum durchführen.

5.3.5 Fragen über Fragen (2D)

Praxiseinstieg

Bereits im Verlauf der Webinarreihe möchte Markus immer wieder mit den Teilnehmern auf einen praxisorientierten Transfer der Inhalte hinarbeiten.

Methodenablauf im Webinar

In regelmäßigen Abständen fordert Markus die Teilnehmer auf, sich in Zweier- oder Dreier-Kleingruppen aufzuteilen. Die Gruppierungen lässt er dann maximal zehn Minuten zu folgenden Fragen reflektieren und diskutieren:

- „Bei welchem/n Themenpunkt/en besteht/en für mich (noch) Unklarheiten?"
- „Was konkret kann im (weiteren) Webinarverlauf hier für mich für Klarheit zu sorgen?"

sowie:

- „Welcher konkrete Themenpunkt, mit welchen Details hat mich positiv überrascht? Warum genau?"
- „Was von dieser/n Erkenntnis/sen kann ich in meinen Alltag umsetzen? Wie genau?"

Im Anschluss sammelt Markus im Plenum insbesondere die Rückmeldungen zu den beiden ersten Punkten.

Verwendete Tools (Werkzeuge) im Webinarraum

Präsentationsfläche, Board, Dokument mit Fragen, Mikrofon

Zeitaufwand im Webinar

mittel

Teilnehmerbeteiligung
gesamte Gruppe

Tipp
Grundsätzlich sollten immer die gleichen Fragen gestellt werden. Hilfreich ist, die Zusammensetzung der Kleingruppen zu variieren.

Bei der ersten Durchführung diese Methode sollte der E-Trainer mehr Zeit einplanen. Jedoch entsteht durch Regelmäßigkeit Routine, welche sich bei einer Wiederholung positiv auf den Zeitbedarf auswirkt.

Ein weiterer Nebeneffekt ist, dass die Teilnehmer durch diese Routine zum einen eigene Lernfortschritte bewusst wahrnehmen. Zum anderen, dass sie jederzeit deutlich erfassen, wo gegebenenfalls Lücken sind, um diese schließen zu können.

Variante
Die Methode eignet sich ebenfalls am Ende eines Webinars (bzw. einer Webinarreihe) zur Gesamtreflexion.

Dazu ist es möglich die Fragen zu ergänzen, z. B. durch Aspekte, wie:

- „Wann, wie und wo kann ich welchen Punkt anwenden?"
- „In welchem Kontext genau kann ich welchen Punkt umsetzen?"
- „Was habe ich persönlich gelernt?"
- „Was ist mein erster Schritt, um das Gelernte ab morgen umzusetzen?"

Bei der Durchführung ist es wichtig, dass den Teilnehmern ausreichend Zeit zur Verfügung steht.

Change 2D-3D
Die Methode lässt gleichermaßen im virtuellen 3D-Raum durchführen.

Inspiriert durch Langheiter Anna, Trainingsdesign, S.188, vgl. Lit. 23

5.3.6 Gedankenketten (2D)

Praxiseinstieg

Die bis zu diesem Zeitpunkt besprochenen Agendapunkte des Hauptthemas will Sandra mit der Gruppe reflektieren. Gleichzeitig plant sie, den weiteren Verlauf und die noch offenen Punkte aufzuzeigen.

Methodenablauf im Webinar

Mit dem Hauptthema als Überschrift, welches in der Mitte auf das Whiteboard geschrieben wird, steigt Sandra ein.

Sie fordert im ersten Schritt die Teilnehmer auf, zu jedem Buchstaben, aus welchem das Thema (z. B. das Wort „Kommunikation") besteht, Assoziationen, Ideen, Schlüsselbegriffe usw. stichwortartig im Textchat zu formulieren. Sie notiert diese passend auf dem Board.

Im zweiten Schritt wird dann darüber diskutiert (Mikrofon) und Sandra führt, wo nötig, weiter aus.

Verwendete Tools (Werkzeuge) im Webinarraum

Whiteboard, Textchat, Mikrofon

Zeitaufwand im Webinar

mittel bis hoch

Teilnehmerbeteiligung

gesamte Gruppe

Tipp

Lässt der virtuelle Raum es zu, dass alle Teilnehmer gleichzeitig auf dem Whiteboard schreiben, kann die erste Sammlung direkt auf dem Board erfolgen.

Variante

Bei umfangreichen Themen und/oder einer großen Gruppe bietet es sich an, den ersten Schritt in Gruppenräumen durchzuführen. Jede Gruppierung erstellt für sich ein Board. Die Ergebnisse werden anschließend im Plenum zusammengeführt und dort diskutiert.

Die Methode eignet sich gleichfalls um mit den Teilnehmern bereits beim Ankommen deren Erwartungen zum (Haupt)Thema zu sammeln.

Change 2D-3D

Im 3D Raum kann die E-Trainerin diese Methode entweder an einem Board oder in Gruppen auf verschiedenen Whiteboards durchführen. Wichtig ist darauf zu achten, dass während des ersten Schrittes nicht gesprochen wird.

Inspiriert durch Bieschke-Behm Manfred, vgl. Lit. 5

5.3.7 Gruppenquiz (3D)

Praxiseinstieg

Am Ende eines Lernabschnittes möchte Sandra das Wissen der Teilnehmer reflektieren. Sie plant eine Art Wettbewerb zwischen zwei Gruppen, der vorhandenes Wissen und noch gegebenenfalls bestehende Lücken aufzeigen soll. Außerdem ist es Sandra wichtig, dass die Teilnehmer sich gegenseitig unterstützen.

Methodenablauf im Webinar

Zwei Gruppen werden von Sandra eingeteilt. Jede Gruppierung erhält von ihr die Aufgabe, auf der Präsentationsfläche oder einem Board im zugewiesenen Nebenraum Fragen zum besprochenen Thema zu formulieren.

Nach zehn Minuten findet ein Raumwechsel statt. Die jeweils zweite Gruppe beantwortet die vorgefundenen Fragen und dokumentiert die Antworten (in anderer Farbe).

Nach Ende der Gruppenphase werden im Plenum alle Fragen und Antworten besprochen.

Verwendete Tools (Werkzeuge) im Webinarraum

Board, Präsentationsfläche, Mikrofon

Zeitaufwand im Webinar

mittel

Teilnehmerbeteiligung

gesamte Gruppe

Tipp

Wichtig ist, dass die E-Trainerin nur im Ausnahmefall die letztendliche Entscheidung über die Richtigkeit einer Antwort fällt.

Da hier erworbenes Wissen reflektiert werden soll, müss(t)en die notwendigen Kenntnisse in der Gruppe vorhanden sein.

Zeigen die Antworten Interpretationen auf, dürfen gegebenenfalls die Fragestellungen diskutiert werden.

Die Faktoren zur Bewertung der Ergebnisse legen die Teilnehmer bestenfalls gemeinsam fest (um sofern gewünscht, einen Gruppensieger zu ermitteln).

Der Faktor des informellen Lernens ist bei dieser Methode ausschlaggebend.

Variante

Um die Methode zeitlich abzukürzen, ist es denkbar, alle Teilnehmer vor dem Webinar Fragen formulieren zu lassen. Die Fragestellungen werden von der E-Trainerin in die Gruppenräume hochgeladen und von den Teilnehmern im Austausch beantwortet.

Die Methode lässt sich gleichfalls am Ende der Weiterbildung zur Reflexion einsetzen.

Change 2D-3D

2D Räume, in welchen eine gemeinsame Bearbeitung des Whiteboards möglich ist, lassen die Methode ebenfalls zu.

5.3.8 Hängengeblieben (2D)

Praxiseinstieg

Markus möchte mit den Teilnehmern die bisherigen Inhalte reflektieren und herausfinden, wo gegebenenfalls noch Lücken vorhanden sind, die geschlossen werden müssen.

Methodenablauf im Webinar

Markus hat verschiedene Haupt- und Nebenüberschriften sowie wichtige Stichworte auf den Whiteboards in verschiedenen Gruppenräumen vorbereitet. Die Teilnehmer verteilen sich in Kleingruppen (max. vier Personen pro Gruppe) und erhalten von Markus die Aufgabe, die Begriffe als Erstes zu sortieren und zu clustern (Stichwort: Themen-/Lerninseln).

Danach sollen die Teilnehmer Erklärungen, maximal einen Satz pro Begriff, hinzufügen.

Im Anschluss werden die Ergebnisse im Plenum besprochen.

Verwendete Tools (Werkzeuge) im Webinarraum

Board, Präsentationsfläche, Mikrofon

Zeitaufwand im Webinar

mittel bis hoch

Teilnehmerbeteiligung

gesamte Gruppe

Tipp

Gruppengrößen von zwei bis vier Personen sind hier ideal, da die Methode sonst viel Zeit für die erste Phase benötigt.

Variante

Auch zum Einstieg in ein Thema und das Sichtbarmachen von Vorkenntnissen der Teilnehmer kann diese Methode, leicht angepasst, verwendet werden.

Dazu bereitet der E-Trainer in den Gruppenräumen verschiedene Stichworte zum Thema vor. In Vierergruppen besprechen die Teilnehmer die ihnen bekannten Begriffe und notieren jeweils Erklärungen dazu auf dem Board.

Change 2D-3D

Die Methode kann in gleicher Weise im 3D Raum durchgeführt werden.

Inspiriert durch Langheiter Anna, Trainingsdesign, S.218, vgl. Lit. 23

5.3.9 Keyword-Story (2D)

Praxiseinstieg

Das menschliche Gehirn liebt Geschichten (vgl. „Filmhopping" 5.3.4). Sandra will mit den Teilnehmern Themengeschichten erarbeiten. Dabei werden die bisherigen Inhalte wiederholt und vertieft.

Methodenablauf im Webinar

Sandra teilt Kleingruppen von maximal vier Personen ein. Jede Gruppe erhält ein Dokument mit Stichworten zum Thema.

Die Gruppen haben nun zehn Minuten in Nebenräumen Zeit, sich eine gemeinsame „Geschichte" zu den Stichworten zu überlegen. Jeder Teilnehmer der Gruppe muss dabei einen Teil der „Geschichte" erzählen.

Im Anschluss stellen die Kleingruppen die einzelnen „Geschichten" im Plenum vor.

Verwendete Tools (Werkzeuge) im Webinarraum

Board, Dokument mit Stichworten, Mikrofon

Zeitaufwand im Webinar

mittel bis hoch

Teilnehmerbeteiligung

gesamte Gruppe

Tipp

Wichtig ist, dass die E-Trainerin klar macht, dass alle Personen der Kleingruppe die „Geschichte" zusammen erzählen werden (kein Teilnehmer darf sich enthalten).

Variante

Wird die Methode z. B. zur Vorbereitung auf eine Prüfung genutzt, lässt sich der Ablauf ergänzen. Zunächst erzählt die Kleingruppe ihre Themengeschichte.

Im Anschluss haben andere Teilnehmer aus dem restlichen Plenum die Möglichkeit, die „Geschichte" weiter zu erzählen. Mit Punkten, die aus ihrer Sicht zusätzlich/ebenfalls enthalten sein müss(t)en.

Wichtig ist, dass alle dabei im „Verlauf der Geschichte" bleiben.

Change 2D-3D

Die Methode lässt sich in gleicher Art im virtuellen 3D Raum durchführen.

Eine mögliche Variante ist, Spontanerzählungen als Auflockerung durchzuführen. Dazu werden vier Personen ausgelost und vier Begriffe (können, müssen aber nicht themenbezogen sein) auf dem Board von der E-Trainerin angezeigt. Jede Person sucht sich ein Schlagwort aus. Eine Person beginnt zu erzählen und die nächste führt mit ihrem Begriff fort.

Inspiriert durch Rory´s Story Cubes, vgl. Lit. 32

5.3.10 Lernwelt-Karte (3D)

Praxiseinstieg

Sandra möchte mit der Gruppe zu Beginn der Webinarreihe wichtige Inhalte zum Thema sammeln und wesentliche Zusammenhänge verdeutlichen. Dies erscheint ihr notwendig, da die Gruppe heterogen ist und bereits im Vorfeld unterschiedliche Bedürfnisse an die Lerninhalte formuliert hat.

Methodenablauf im Webinar

Sandra wählt einen Raum, der im Idealfall über mehrere Boards verfügt. Auf diesen lässt sie im ersten Schritt die Teilnehmer alle Aspekte sammeln, die zum Thema gehören.

Im zweiten Schritt werden gleiche oder ähnliche Inhalte zu Lern-/Themeninseln zusammengefügt. Dabei ergänzen gegebenenfalls die Teilnehmer oder Sandra noch fehlende Punkte. Außerdem bittet Sandra die Teilnehmer, zu jeder Insel einen Ober-/Überbegriff zu definieren.

Beim dritten Schritt sollen sich die Teilnehmer über den Verlauf des Lernprozesses klar werden.

Bestenfalls legen sie (ohne die Einflussnahme der E-Trainerin) eine Reihenfolge für die einzelnen Lern-/Themeninseln fest.

Im vierten Schritt diskutiert Sandra mit den Teilnehmern über mögliche Methoden, mit welchen die einzelnen Inhalte erfasst, erarbeitet, reflektiert und geübt werden können.

Darauf aufbauend fasst der fünfte Schritt visualisiert die Erkenntnisse insgesamt zusammen.

Verwendete Tools (Werkzeuge) im Webinarraum
Board, Mikrofon

Zeitaufwand im Webinar
mittel bis hoch

Teilnehmerbeteiligung
gesamte Gruppe

Tipp
Wichtig ist, dass die E-Trainerin deutlich macht, wo unterschiedliche Sichtweisen und Ansprüche zum Lernthema möglich sind und wo nicht.

Insbesondere beim ersten Brainstorming (Schritt eins) sollten zunächst alle Begriffe zugelassen werden.
Die E-Trainerin erhält so Informationen, welche Inhalte von Teilnehmern gegebenenfalls erwartet werden.

In Schritt zwei kann die E-Trainerin dann verdeutlichen, welche Rahmenbedingungen das Curriculum vorgibt (welche Themen also möglicherweise nicht behandelt werden können).

Variante
Schritt eins lässt sich gleichfalls zum Ankommen und zur Erwartungsabfrage einsetzen.

Die visualisierte Lernwelt-Karte kann immer wieder während und am Ende der Webinarreihe zur Reflexion herangezogen werden.

Inspiriert durch Neumann Ulf für wb-web, vgl. Lit. 29

5.3.11 Meinungsverschiebung (3D)

Praxiseinstieg

Markus möchte mit der Gruppe das Pro und Contra zu einem Themenaspekt bearbeiten und verdeutlichen, welchen Einfluss optisch wahrgenommene Mehrheiten auf ein Thema haben können.

Methodenablauf im Webinar

Markus wählt einen großen Raum und teilt die Gruppe in zwei anteilig gleiche Untergruppen auf. Er erläutert das Thema und stellt die beiden Seiten Pro/Kontra vor (gegebenenfalls auf einer Folie).

Die beiden Gruppen stellen sich im Raum gegenüber voneinander auf und diskutieren von Seiten des „Pro" und aus der Perspektive des „Kontra".

Die Gruppen können sich dabei in der Diskussion intern abstimmen.

Ändert ein Mitglied einer Untergruppe seine Meinung, darf es sich der anderen Gruppe anschließen und dort mitmachen. Und sich auch räumlich dorthin stellen.

Auf diese Weise wird die wahrgenommene „Gewichtung" und Stärke der einen oder anderen Seite ebenfalls optisch für alle wahrnehmbar.

Nach Ablauf der vereinbarten Diskussionszeit werden der Diskussionsverlauf sowie die Metaebene (welchen Einfluss hatte die wahrgenommene Stärke der Pro/Kontra-Seite) gemeinsam reflektiert.

Verwendete Tools (Werkzeuge) im Webinarraum
Präsentationsfläche, Mikrofon

Zeitaufwand im Webinar
mittel bis hoch

Teilnehmerbeteiligung
gesamte Gruppe

Tipp
Wichtig ist, zu Beginn gemeinsame Diskussionsregeln und die Diskussionszeit abzustimmen.

Da hier insbesondere das Empfinden einer „stärkeren Position" wahrgenommen und reflektiert werden soll, darf jeder Teilnehmer, so oft er möchte, seine Entscheidung ändern (und die jeweilige Seite wählen).
Genau diesen Prozess gilt es dann aus allen Blickwinkeln in der Abschlussreflexion sichtbar zu machen.

Variante
Die Methode kann gleichfalls zur Abschlussreflexion eines Webinarthemas eingesetzt werden.
Dazu stellen sich alle Teilnehmer zunächst auf eine Seite (im Raum). Jede Person erhält eine Überschrift des behandelten Themas.
Der E-Trainer benennt eine Überschrift und der jeweilige Teilnehmer tritt mit seinem Begriff in die Mitte der Gruppe. Nun kann (kein muss!) zuerst der „Teilnehmer in der Mitte" und danach der Rest alle wichtigen Aspekte zur Überschrift zusammenfassen.

Kommen keine Meldungen mehr, tritt der Teilnehmer auf die andere Seite (im Raum). Daraufhin nennt der E-Trainer die nächste Überschrift.

Auf diese Weise ist es möglich, alle Inhalte nochmals gemeinsam zu reflektieren.

5.3.12 Sprichwort-Einstieg (2D)

Praxiseinstieg

Neben Bildern (vgl. „Fakt oder Interpretation" 5.3.3) regen Sprüche und Zitate zum genauer-nachdenken, hinterfragen und diskutieren an. Markus möchte das bei den Teilnehmern vorhandene (Vor-)Wissen und deren Einstellung zum Thema erfassen und sichtbar machen.

Er sucht zu Stichworten, die zur Thematik passen, einzelne Sprüche. Dabei wählt er sowohl allgemeine, als auch provozierende Zitate aus.

Methodenablauf im Webinar

Markus führt kurz zur Materie ein, gegebenenfalls mit einer Agenda. Dann leitet er zum Thema hin und erläutert, dass er Zitate/Sprüche auflegen wird. Er bittet die Teilnehmer, sich die für sie passende Äußerung herauszusuchen. Die einzelnen Personen sollen sich per Wortmeldung äußern und ihre Wahl in Verbindung zum Thema über das Mikrofon begründen.

Verwendete Tools (Werkzeuge) im Webinarraum

Folie mit Zitaten/Sprüchen (Präsentationsfläche), Mikrofon, gegebenenfalls Textchat

Zeitaufwand im Webinar

mittel

Teilnehmerbeteiligung

gesamte Gruppe

Tipp

Während die einzelnen Personen sprechen, unterstützt Markus das jeweilige Zitat, indem er mit dem Zeigepfeil darauf hinweist.

Variante

Oft ist es für die Teilnehmer gleich zu Beginn nicht so leicht, sich ans Mikrofon zu trauen.

Der Einstieg kann daher auch weicher gewählt werden. Neben den Sprüchen/Zitaten stehen auf der Folie Buchstaben oder eine Nummerierung. Der E-Trainer fordert die Teilnehmer auf, den Buchstaben / die Nummer des Zitates, welches ihnen passend erscheint, in den Textchat zu schreiben. Für eine anonyme Abstimmung kann auch das Umfrage-Tool genutzt werden.

Das Ergebnis der Nennung fasst der E-Trainer im Anschluss kurz zusammen. In weiteren Schritten werden entweder die Zitate diskutiert oder der E-Trainer leitet mit einzelnen Antworten zur vertieften thematischen Arbeit über.

Die Methode lässt sich auch zwischendrin (themenbezogen) zur Auflockerung einsetzen.

Change 2D-3D

Dieser Einstieg ist im 3D Raum ebenfalls möglich. Hier kann der E-Trainer in die Diskussion über Wortmeldungen einsteigen.

5.3.13 Stadt-Land-Fluss-Aspekte (2D)

Praxiseinstieg

Sandra hat mit der Gruppe ein umfangreiches Thema mit vielen Aspekten bearbeitet. Außerdem gab es einige Punkte und Varianten, die besprochen wurden und zu beachten waren. Sandra führt mit der Gruppe eine gemeinsame Zwischenreflexion und gleichzeitig eine Vertiefung zu den einzelnen Aspekten durch. Außerdem möchte sie ermitteln, wo die Gruppe zum Lernthema noch weitere Unterstützung benötigt.

Methodenablauf im Webinar

Auf einer Folie stellt Sandra eine Tabelle mit folgenden Spalten dar: Begriff zum Thema, wichtiger Aspekt, Weiterdenken, kritischer Punkt, Tipp.

Nach dem Auslosen des Buchstabens (vgl. Stadt-Land-Fluss-Spiel) haben die Teilnehmer maximal eine Minute Zeit, um ihre Tabelle mit Begriffen zu füllen. Wer zuerst fertig ist, meldet sich zu Wort.

Die ersten drei Teilnehmer (in der Reihenfolge der Wortmeldungen) stellen dann ihre Ergebnisse (über das Mikrofon) vor.

Verwendete Tools (Werkzeuge) im Webinarraum

Folie mit Tabelle (Präsentationsfläche), Datei (Dateiaustausch), Mikrofon

Zeitaufwand im Webinar

mittel bis hoch

Teilnehmerbeteiligung

gesamte Gruppe

Tipp

Hilfreich ist, den Teilnehmern ein Arbeitsblatt mit der Tabelle und den Überschriften zur Verfügung zu stellen. Alle gefundenen Aspekte und die jeweiligen o. g. Perspektiven können z. B. im Nachgang zu einem großen Nachschlagewerk zusammengefasst werden.

Variante

Die Überschriften der Spalten, sprich die Faktoren, können zu Beginn zusammen mit der Gruppe festgelegt werden. Außerdem ist eine beliebige Ergänzung der Spalten möglich.

Auf diese Weise kann die Sammlung gleichfalls zur Abschlussreflexion genutzt werden.

Inspiriert durch Kinderspiel Stadt-Land-Fluss

5.3.14 Stichwort-Fragen (3D)

Praxiseinstieg

Markus will das (Vor-)Wissen der Teilnehmer zum Thema und das Nischenwissen Einzelner erfassen. Gleichzeitig möchte er die Gruppe miteinander in Kontakt bringen.

Methodenablauf im Webinar

Passend zum behandelten Thema hat Markus zwanzig Stichworte vorbereitet. Die Teilnehmer haben die Aufgabe, Fragen so zu den vorgegebenen Begriffen zu formulieren, dass jeweils die Stichworte als Lösung herauskommen.

Zwei Gruppen arbeiten dazu für fünfzehn Minuten in Nebenräumen, diskutieren dort im Detail (Mikrofon) und notieren die Fragen auf dem Board. Dabei ist es möglich, dass sich Untergruppen in den Gruppen zur Ausarbeitung einzelner Fragen bilden.

Im Anschluss findet die Reflexion mit der gesamten Gruppe statt.

Verwendete Tools (Werkzeuge) im Webinarraum

Gruppenräume, Whiteboard, Stichwortliste (Dateiaustausch), Mikrofon

Zeitaufwand im Webinar

mittel bis hoch

Teilnehmerbeteiligung

gesamte Gruppe

Tipp

Wichtig ist, dass der E-Trainer ausschließlich Schlagworte (zwanzig Stichworte!) auflistet.

Variante

Steht genug Zeit zur thematischen Bearbeitung zur Verfügung, kann vor der gemeinsamen Reflexion eine weitere Gruppenphase durchgeführt werden. Der E-Trainer verteilt dazu zu Beginn unterschiedliche Stichwortlisten an die Gruppen.

Die Kleingruppen wechseln nach der vorgegebenen Zeit und beantworten zunächst die Fragen der jeweils anderen Gruppe. Anschließend erfolgt die gemeinsame Reflexion.

Die beschriebene Variante lässt sich ebenfalls am Ende des Webinars zur Zusammenfassung einsetzen.

Change 2D-3D

Zur Durchführung dieser Methode im 2D Raum sollten maximal fünf Personen pro Gruppe eingeteilt werden (entsprechend viele Nebenräume sind notwendig). Vom Zeitbedarf her, sind maximal acht bis zehn Begriffe pro Gruppe empfehlenswert.

Inspiriert durch Meier Dave, Accelerated Learning, vgl. Lit. 27

5.3.15 Thematische Wimmelbilder (2D)

Praxiseinstieg

Bilder sagen oft mehr als viele Worte. Außerdem hängt die Betrachtungsweise einer Darstellung immer vom Betrachter selbst ab (vgl. „Fakt oder Interpretation" 5.3.3).

Sandra will in ein komplexes Thema einsteigen und die Vielschichtigkeit für die Teilnehmer sichtbar machen. Außerdem ist es ihr wichtig, jeden möglichst bei seinem Standpunkt zum Thema abzuholen.

Sie bereitet eine Folie vor, auf welcher viele und unterschiedliche Aspekte zum Thema mit Bildern dargestellt werden. Insbesondere wählt sie Bilder/Clipart, die interpretierbar sind. Alle Bilder/Clipart (mehr als zehn) stellt sie zu einem „Wimmelbild" zusammen.

Methodenablauf im Webinar

Sandra präsentiert das „Wimmelbild" und formuliert ein paar einführende Worte.

Dann bittet sie die Teilnehmer der Reihe nach (z. B. in der Folge der Auflistung der Teilnehmerliste) darum, sich den oder die Aspekte auszusuchen, welche/r aus ihrer Sicht zum Thema passt/en. Ihre Wahl führen die Teilnehmer anschließend am Mikrofon näher aus.

Verwendete Tools (Werkzeuge) im Webinarraum

Folie mit passenden Clipart/Bildern zum Thema (Präsentationsfläche), Mikrofon

Zeitaufwand im Webinar

mittel

Teilnehmerbeteiligung

gesamte Gruppe

Tipp

Während die einzelnen Personen sprechen, verstärkt Sandra das jeweilige Bild durch den Zeigepfeil oder eine Markierung.

Variante

An ein erstes Statement der Teilnehmer kann sich zur Vertiefung eine Gruppenarbeit anschließen. Dazu begeben sich die Teilnehmer dann mit verschiedenen Fragen zum Thema in die Nebenräume. Die abschließende Reflexion findet im Plenum statt.

Sollte es sich um eine austauschfreudige Gruppe handeln, kann diese Vorgehensweise auch umgekehrt werden. Dazu finden zuerst der Gruppenaustausch in Verbindung mit dem „Wimmelbild" und anschließend der Austausch im Plenum statt.

Ein „Wimmelbild" bietet sich ebenso zum Ankommen mit der Gruppe in Verbindung mit der thematischen Hinführung an. Oder auch zur Auflockerung zwischendrin: „Welche Aspekte zum Thema können wir auch noch betrachten?!

5.3.16 Themen-Bingo (3D)

Praxiseinstieg

Mit einem abgewandelten Bingo-Spiel will Markus heute den Spannungsbogen im Webinar halten.

In diesem Zusammenhang möchte er außerdem feststellen, wo die Teilnehmer bereits fit im Thema sind und wo noch Lücken geschlossen werden müssen.

Methodenablauf im Webinar

Markus verteilt über den Dateiaustausch (oder vor dem Webinar per Mail) verschiedene Bingo-Bögen. Die Auflistungen dürfen dabei nur Begriffe enthalten, die auf jeden Fall im Laufe des Webinars besprochen werden oder wurden.

Zu Beginn des Webinars lässt Markus die Teilnehmer in Einzelarbeit für sich ankreuzen, welche Begriffe auf dem Bogen sie bereits kennen, bei welchen sie sich nicht sicher und welche ihnen unbekannt sind.

Im zweiten Schritt teilt er die Gruppe in Zweiergruppen auf. Diese sollen sich über die „weniger bekannten" und „unbekannten" Begriffe, leise und mit räumlichem Abstand zum Rest der Gruppe, austauschen.

Im dritten Schritt führt Markus das Webinar durch.

Jedes Mal wenn ein Teilnehmer einen Begriff wahrnimmt, der sich auf seinem Bingo-Bogen befindet, darf er diesen abstreichen.

Hat ein Teilnehmer alle Begriffe (in einer Reihe waagrecht, senkrecht oder diagonal) auf seinem Bogen abstreichen können, ruft er „Bingo!" Der Lohn ist der „Applaus" der Gruppe.

Verwendete Tools (Werkzeuge) im Webinarraum
Bingo-Bögen, Mikrofon

Zeitaufwand im Webinar
mittel bis hoch

Teilnehmerbeteiligung
gesamte Gruppe

Tipp
Vom E-Trainer sollte am Ende abgefragt werden, ob sich auf den Bingo-Bögen noch offene „unbekannte" Begriffe befinden. Diese werden dann gemeinsam in der Gruppe besprochen.

Variante
Die Methode eignet sich auch zum Ankommen in Verbindung mit dem Einstieg in ein Thema, um die Vorkenntnisse der Gruppe zu erfassen. Dazu verteilt der E-Trainer verschiedene Bingo-Bögen mit Begriffen, die im Laufe des Webinars eine Rolle spielen. Zu Beginn des Webinars kreuzen die Teilnehmer in Einzelarbeit die für sie „bekannten", „anteilig bekannten" und „nicht bekannten" Begriffe an.

Im zweiten Schritt melden sich die Teilnehmer zu Wort und erklären einen von ihnen als „bekannt" eingestuften Begriff.

Inspiriert durch Langheiter Anna, Trainingsdesign, S.137, vgl. Lit. 23

5.3.17 Weit-gedacht (3D)

Praxiseinstieg

Markus möchte mit seiner Gruppe ein Thema von möglichst vielen Seiten betrachten. Die Teilnehmer sind gefordert, ihre Perspektive und alles, was sie auch randlich zum Thema als zugehörig betrachten, aufzulisten und zu bearbeiten.

Methodenablauf im Webinar

Alle Teilnehmer versammeln sich in einem größeren Bereich im 3D Raum. Markus hat drei Boards vorbereitet, so dass alle Teilnehmer gleichzeitig arbeiten können, ohne sich gegenseitig zu behindern.

Auf jedem Board steht nur das Thema als Überschrift.

Im ersten Schritt soll jeder Teilnehmer Begriffe, die für ihn zum Thema gehören, auf dem Board auflisten.

Sobald alle Schlagworte benannt wurden, suchen sich die Teilnehmer nacheinander einen Begriff aus (das muss nicht der eigene sein) und erklären diesen am Mikrofon.

Verwendete Tools (Werkzeuge) im Webinarraum

Mikrofon, Board

Zeitaufwand im Webinar

mittel bis hoch

Teilnehmerbeteiligung

gesamte Gruppe

Tipp
Wichtig ist, dass im ersten Schritt nur jeweils ein Begriff pro „Karte" bzw. pro Posting aufgelistet wird.

Der E-Trainer kann nach der ersten Erläuterung in einem zweiten Schritt zulassen, dass die abgegebene Erklärung aus der restlichen Gruppe ergänzt wird.
Denkbar ist auch, die Erläuterungen zum Begriff auf dem Board schriftlich festzuhalten.

Variante
Die Methode eignet sich gleichfalls zur gesamten Reflexion des Webinars.

Die Teilnehmer listen dann im ersten Schritt alle Punkte auf, die für sie im erlebten Webinar erwähnenswert sind.
Das kann sowohl das Thema als auch die Rahmenbedingungen, die Technik oder die Arbeit in der Gruppe selbst betreffen.

Wichtig ist hier wiederum – ein Begriff pro Posting.
Die Karten können dann sortiert und gegebenenfalls vom Schreiber über das Mikrofon ergänzt werden.

Change 2D-3D
Sofern es sich nur um eine kleine Gruppe handelt und alle Teilnehmer gleichzeitig das Whiteboard nutzen dürfen, kann diese Methode auch im 2D Raum umgesetzt werden. Wichtig ist, viel Platz für die Sammlung der Begriffe zu haben.

Inspiriert durch Lux Sonja, Weidmann Adrian, vgl. Lit. 24

5.3.18 Wissensparcours (2D)

Praxiseinstieg

Genauso wie der E-Trainer wissen oft auch die Teilnehmer selbst nicht, welche Kenntnisse zu einem Thema bereits bei ihnen und in der Teilnehmergruppe vorhanden sind.

Hier bietet der Wissensparcours eine Möglichkeit, dies sichtbar zu machen. Markus formuliert fünf Fragen und schreibt jede in einen Nebenraum auf ein Whiteboard.

Methodenablauf im Webinar

Markus teilt die Teilnehmer in Gruppen ein und bittet diese, sich zu jeder Fragestellung fünf Minuten im jeweiligen Nebenraum über das Mikrofon auszutauschen. Die Erkenntnisse werden auf dem Whiteboard dokumentiert. Nach der vorgegebenen Zeit wechseln die Teilnehmer selbstständig bzw. Markus schickt die Gruppen weiter.

Anschließend holt Markus die Ergebnisse in den Hauptraum, oder die gesamte Gruppe wechselt gemeinsam von Frage zu Frage (Raum zu Raum) und bespricht die Ergebnisse nach. Hier sind dann Ergänzungen, Klärungen und Diskussionen möglich.

Verwendete Tools (Werkzeuge) im Webinarraum

Gruppenräume mit Whiteboard, Fragestellung (Präsentationsfläche), Mikrofon

Zeitaufwand im Webinar

mittel bis hoch

Teilnehmerbeteiligung

gesamte Gruppe

Tipp

Im Rahmen der gemeinsamen Reflexion kann Markus einzelne Punkte durch farbliche Markierungen oder den Zeigepfeil verstärken.

Diese Methode ist auch mit sehr großen Gruppen möglich. Dazu wird entweder die Anzahl der Fragen erweitert (höherer Zeitbedarf) oder es werden Gruppenräume mit identischen Fragen eingerichtet. Maximal fünf Teilnehmer sollten pro Fragestellung diskutieren, da sonst der intensive Austausch erschwert wird.

Variante

Der Wissensparcours lässt sich auch zur Zwischen- oder Abschlussreflexion einsetzen. Dazu sammeln die Teilnehmer im ersten Schritt wesentliche Aussagen und wichtige Punkte zum Thema zu formulieren. Nach der Gruppenphase werden die Erkenntnisse gemeinsam im Plenum besprochen und wo notwendig ergänzt.

Change 2D-3D

Die Methode kann in gleicher Weise auch im 3D Raum durchgeführt werden (Inspiriert durch Inga Geisler, https://www.ingageisler.de).

5.3.19 Vernetzt-Denken (2D)

Praxiseinstieg

Sandra will die Facetten des Hauptthemas reflektieren und gleichzeitig mit den Teilnehmern in deren Berufsalltag (Stichwort: Transfer) weiterdenken.

Methodenablauf im Webinar

Als Überschrift schreibt Sandra den Hauptbegriff des Themas in die Mitte des Whiteboards.

Im ersten Schritt fordert sie die Teilnehmer auf, zur Überschrift wichtige Punkte (die schon besprochen wurden), aber auch weitere Assoziationen, Ideen, Schlüsselbegriffe usw. auf dem Board zu formulieren.

Im zweiten Schritt notieren die Teilnehmer dann zu den gefundenen Formulierungen weitere Begriffe, Ideen usw. auf dem Whiteboard. Wenn z. B. Verbindungen oder sonstige wichtige Aspekte usw. gesehen werden, findet eine (farbliche) Markierung statt.

Im dritten Schritt diskutiert die Gruppe (Mikrofon) über das Ergebnis und Sandra ergänzt, wo nötig.

Verwendete Tools (Werkzeuge) im Webinarraum

Whiteboard, gegebenenfalls Textchat, Mikrofon

Zeitaufwand im Webinar

mittel bis hoch

Teilnehmerbeteiligung

gesamte Gruppe

Tipp

Ist die Gruppe zu groß, oder lässt der virtuelle Raum es nicht zu, dass alle Teilnehmer gleichzeitig auf dem Whiteboard schreiben, dann erfolgt die erste Sammlung im Textchat. Zwei Teilnehmer unterstützen die E-Trainerin beim Notieren auf dem Board.

Variante

Einzelne virtuelle Räume bieten eine Mind-Map-Funktion an, in welcher zumeist alle Teilnehmer gleichzeitig (mit o. g. Ablauf) arbeiten können. Die Methode lässt sich so sowohl zum Ankommen (z. B. zur Erwartungsabfrage), als auch zur Reflexion einsetzen.

Change 2D-3D

Im 3D Raum führt die E-Trainerin diese Methode entweder an einem Board oder in Gruppen auf verschiedenen (vorbereiteten) Whiteboards durch. Wichtig ist darauf zu achten, dass während Schritt eins nicht gesprochen wird.

Als Vorstufe zu dieser Methode kann „Weit-gedacht" 5.3.17 durchgeführt werden.

Inspiriert durch Bieschke-Behm Manfred, vgl. Lit. 5

5.3.20 Verwirrte Sprache (2D)

Praxiseinstieg

Sandra will mit ihrem Einstieg die Teilnehmer verwirren und gleich von Anfang an zum Nachdenken bringen. Sie sucht zwei bis drei Zitate zum Thema des Webinars aus und verknüpft diese.

Methodenablauf im Webinar

Beispiel: Das Thema hat zum Ziel, die Tücken von Kommunikation im Allgemeinen und im virtuellen Raum (ohne Körpersprache) im Besonderen zu bearbeiten. Auf einer Folie formuliert Sandra den Satz „Kein Meister fällt selbst hinein."

Sandra fragt die Teilnehmer, ob und wenn ja, was ihnen zu diesem Satz einfällt. Dazu bittet sie um Wortmeldungen oder ruft die Personen auf der Teilnehmerliste der Reihe nach ans Mikrofon.

Entweder nach den Wortmeldungen oder während des Durchganges stellt Sandra die Verbindung des Satzes zum Thema her und klärt die bei den Teilnehmern ausgelöste Verwirrung.

Verwendete Tools (Werkzeuge) im Webinarraum

Folie mit Einstiegssatz (Präsentationsfläche), Mikrofon

Zeitaufwand im Webinar

wenig bis mittel

Teilnehmerbeteiligung

gesamte Gruppe

Tipp

Sofern nicht genug Zeit für die mündlichen Ausführungen jedes Teilnehmers zur Verfügung steht, kann die erste Abfrage auch über eine Umfrage/Abfrage erfolgen.

Die E-Trainerin stellt dazu die Frage: „Was, denken Sie, könnte mit diesem Satz gemeint sein?" Als Antwortmöglichkeiten werden angeboten: (1) „Ich weiß genau, was gemeint ist!" (2) „Ich habe so etwas schon einmal gehört." (3) „Keine Ahnung."

Im Anschluss an die Abfrage bittet die E-Trainerin einzelne Personen an das Mikrofon.

Steht gar keine Zeit für einen Austausch am Mikrofon zur Verfügung, kann die E-Trainerin die Teilnehmer auffordern, eine Aussage im Textchat zu formulieren.

Variante

Die Methode bietet sich zur Auflockerung oder auch für die Zusammenfassung eines Themas an. Die Teilnehmer werden dazu in Kleingruppen eingeteilt. Jede Gruppe formuliert für sich ein Zitat-Mix als Resümee.

5.3.21 Virtuelles-Weltcafe (2D)

Praxiseinstieg

Die Methode des „Weltcafe" ist auf vielen Präsenzveranstaltungen zu finden. Mit ein paar Anpassungen lässt sich im virtuellen 2D Raum ein „Virtuelles-Weltcafe" umsetzen. Markus wählt einen Raum, in welchem die Teilnehmer die Nebenräume selbstständig wechseln können.

Methodenablauf im Webinar

Markus bereitet so viele Nebenräume (inklusive jeweils eines Whiteboards) vor, dass sich maximal fünf Teilnehmer pro Raum verteilen. Zu Beginn erläutert er das Hauptthema und gibt die Fragestellungen zum Thema vor. Dann bittet er die Teilnehmer, sich selbstständig auf die Nebenräume zu verteilen, dort gemeinsam zu entscheiden welche Frage bearbeitet wird und diese sowie die Ergebnisse dazu, auf dem Whiteboard zu dokumentieren.

Nach einer bestimmten Zeit, in der Regel fünf bis zehn Minuten, gibt Markus ein überall wahrnehmbares Signal und die Teilnehmer wechseln in einen anderen Nebenraum. Nach drei Durchgängen kommen alle Personen in den Hauptraum zu gemeinsamen Reflexion zurück.

Markus holt die Ergebnisse in den Hauptraum oder die gesamte Gruppe wechselt gemeinsam von Raum zu Raum und bespricht die Ergebnisse.

Verwendete Tools (Werkzeuge) im Webinarraum

Gruppenräume mit Whiteboard + Fragestellung, Mikrofon

Zeitaufwand im Webinar

mittel bis hoch

Teilnehmerbeteiligung

gesamte Gruppe

Tipp

Im Rahmen der gemeinsamen Reflexion verstärkt Markus einzelne Punkte durch farbliche Markierungen oder den Zeigepfeil.

Diese Methode ist auch mit großen Gruppen möglich.

Variante

Außer dem Hauptthema und einer kurzen Einleitung dazu wird vom E-Trainer nichts vorgegeben. Die Gruppen in den Nebenräumen diskutieren im ersten Schritt selbst welche Fragestellungen, Thesen, Diskussionspunkte sich für sie aus dem Hauptthema ergeben (vgl. Methode Barcamp).

Im zweiten Schritt entscheidet die Gruppe dann, welche Frage diskutiert wird und verfährt anschließend entsprechend weiter.

Da der zeitliche Aufwand bei diesem Ablauf höher ist, sollte den Gruppen mehr Zeit zur Verfügung gestellt werden. Gegebenenfalls findet auch kein Wechsel der Gruppierungen statt.

In dieser Variante kann die Methode auch zur Gesamtreflexion eines Webinars oder einer Webinarreihe genutzt werden.

5.4 Gruppenarbeiten

Eine der ersten Fragen, die sich jeder E-Trainer in der Webinarvorbereitung stellt, lautet: „Sind Gruppenarbeiten für die Themenbearbeitung notwendig oder arbeiten alle gemeinsam?"

Warum die Arbeit mit (Klein-)Gruppen in virtuellen Räumen eine Herausforderung sein kann, darauf geht Kapitel 5.4.1 näher ein.

Und auch wenn Ernst Ferstl (Dichter) meint, dass: „[sich] die Menschen überraschend leicht in vier Gruppen einteilen [lassen], nämlich in: die Reichen, die Schönen, die Gescheiten und – die überwiegende Mehrheit", so sind diese Faktoren schon für Präsenzseminare zur Gruppeneinteilungen wenig hilfreich. Kapitel 5.4.2 bietet daher leicht umsetzbare Methoden zur Gruppenbildung im Webinar an.

Kapitel 5.4.3 schließlich zählt einige Aspekte auf, die bei virtuellen Gruppenarbeiten speziell zu beachten sind.

5.4.1 Notwendigkeit von Gruppenarbeiten im virtuellen Raum

Selbstverständlich ergibt sich die Notwendigkeit für die Überlegungen zu Gruppenarbeiten nur dann, wenn der virtuelle Raum überhaupt über Nebenräume (synonym: Breakout-Rooms) verfügt.

Wichtig bei Gruppenarbeiten ist auch genau zu klären, welche Tools, mit welchen Rechten den Teilnehmern zur Verfügung stehen.

Grundsätzlich bieten Gruppenarbeiten als soziale Lernform weitreichende Möglichkeiten. Doch erfordern sie im virtuellen Raum vor allem eines: kostbare Zeit.

Wann bei einem Webinar mit insgesamt neunzig Minuten, zehn bis fünfzehn Minuten für eine Gruppenarbeit eingesetzt werden sollen, muss genau überlegt werden.

E-Trainer stellen sich bei der Content-Entwicklung daher immer wieder dem Dilemma: Möglicher Aufwand versus vielfältige Perspektiven?

Die grundsätzliche Entscheidung muss der E-Trainer jeweils selbst treffen, da dies auch von folgender Abwägung abhängt: thematische versus soziale Notwendigkeit.

Weitere wichtige Entscheidungsgrundlagen können u. a. sein:

- Sollen/Müssen die einzelnen Personen näher miteinander in Kontakt gebracht (und zur Gruppe) werden?
- Sind verschiedene Perspektiven im Thema notwendig?
- Ist es wesentlich, dass die eigenen (Vor-)Erfahrungen der Teilnehmer sichtbar werden?
- Ist ein Übertrag (Transfer) der Webinarinhalte in den Arbeitsalltag des Einzelnen erforderlich?

Grundsätzlich empfiehlt es sich nach meiner Erfahrung, für eine Gruppenarbeit im virtuellen Raum mindestens ein Zeitfenster von zehn Minuten zu haben.
Andernfalls ist es besser, auf eine solche zu verzichten.

5.4.2 Gruppenbildung im virtuellen Raum

Verschiedenartige Bonbons auf Stühlen zu platzieren, ist leider für den Webinarraum keine Option, um Teilnehmer in Gruppen aufzuteilen.

Wie oben beschrieben, ist die Zeit im Webinar außerdem knapp, sodass eine Gruppenbildung möglichst rasch erfolgen sollte. Die gezielte Führung durch den E-Trainer ist also bei der Gruppeneinteilung notwendig.

In virtuellen 2D und 3D Räumen stehen unterschiedliche Tools zu Verfügung. Verschiedene Gruppenbildungen sind damit möglich.

5.4.2.1 Gruppen im virtuellen 2D Raum

Die Methoden zur Gruppeneinteilung im 2D Raum ergeben sich in erster Linie durch die technischen Möglichkeiten.

Teilnehmerliste

* Die E-Trainerin nimmt jede zweite (dritte, vierte) Person auf der Teilnehmerliste und ordnet diese dem jeweiligen Gruppenraum zu.
* Die Teilnehmer stimmen selbst ab, ob sie in Gruppe 1 oder 2 wollen und signalisieren dies mit einer Wortmeldung für Gruppe 1 oder Gruppe 2.
* Nach einer Einstiegsfrage stimmen die Teilnehmer mit dem „Zustimmen" oder „Dagegen" Feedback ab, wie sie zu dieser stehen. Die Gruppeneinteilung wird dann entsprechend vorgenommen.

- Die E-Trainerin teilt die Personen nach den ersten Buchstaben ihres Nachnamens ein. Buchstabe A bis H wird Gruppe 1, die restlichen Gruppe 2.

Textchat

Die Teilnehmer bestimmen selbst, ob sie in Gruppe 1, 2, 3 oder 4 wollen und signalisieren dies mit einer Rückmeldung im Textchat.

Personalisierte Umfrage/Abfrage

Der E-Trainer stellt zu einer Aussage/These mit einer Umfrage verschiedene Standpunkte vor. Die Teilnehmer ordnen sich je nach ihrer Antwort den Gruppen zu.

Willkürliche (freie) Verteilung durch Webinarsoftware

Einige virtuelle Räume bieten als technische Möglichkeit an, die Teilnehmer zufallsbasiert zu verteilen. Die Zuordnung erfolgt dann durch einen „Klick" der E-Trainerin über die Software.

Freie Gruppenwahl durch die Teilnehmer

Diese Variante steht nur dann zur Verfügung, wenn die Teilnehmer ohne das technische Eingreifen des E-Trainers den Raum wechseln können.

Andere Punkte (vereinbartes Vorgehen, Ablauf usw.) bestimmen in solchen Fällen, welcher Teilnehmer sich wann, in welchem Nebenraum befindet.

5.4.2.2 Gruppen im virtuellen 3D Raum

Im 3D Raum orientieren sich die Methoden näher an der Präsenz, werden jedoch noch immer wesentlich von der Technik bestimmt.

Feedback

- Die Teilnehmer bestimmen selbst, ob sie in Gruppe 1 oder 2 wollen und signalisieren dies mit einer Wortmeldung (Handheben) oder einem Schritt nach vorn zur jeweiligen Frage.
- Der E-Trainer stellt zu einer Aussage/These verschiedene Standpunkte vor. Die Teilnehmer platzieren sich je nach ihrer Antwort im Raum und arbeiten dann in der jeweiligen Gruppe.

Einteilung durch die E-Trainerin

- Die E-Trainerin lässt die Teilnehmer sich im Kreis oder in einer Reihe aufstellen. Sie lässt durchzählen. Jede erste, zweite (dritte, vierte) Person begibt sich dann zum jeweiligen Gruppenraum.
- Die E-Trainerin teilt die Personen nach den ersten Buchstaben ihres Nachnamens ein. Beispielsweise bilden die Buchstaben A bis H Gruppe 1, die restlichen Gruppe 2. Die Teilnehmer teilen sich entsprechend auf.

Freie Gruppenwahl durch die Teilnehmer

- Die Teilnehmer erhalten die Aufgabe, sich in der Gruppe gegenseitig anzusprechen, um zu einer Gruppenbildung von X Personen zu kommen. (Inspiriert durch: Gabriele Münster).

- Die jeweilige Methode (vgl. „Wissensparcours" 5.3.18 oder „Virtuelles-Weltcafe" 5.3.21) gibt vor, welcher Teilnehmer sich wann und in welchem Nebenraum befindet.

5.4.3 Wichtiges zur virtuellen Gruppenarbeit

Mehrfach habe ich bereits die stark begrenzte Zeit im Webinar (in der Regel neunzig Minuten) angesprochen.

Umso fokussiert wie möglich zu arbeiten, bereitet der E-Trainer die einzelnen Gruppenräume vorzugsweise vor Beginn des Webinars vor.

Die Teilnehmer finden somit in den einzelnen Gruppenräumen bestenfalls:

- Die jeweilige Arbeitsaufgabe, z. B. auf einem Whiteboard oder eine hinterlegte Datei.

- Informationen zu den Rahmenbedingungen der Aufgaben: Dauer der Gruppenarbeit, was genau zu erledigen ist und was die Gruppe nach Beendigung der Gruppenphase tun soll.

- Ein Angebot für Notizen zur Gruppenaufgabe (beispielsweise ein weiteres offenes Whiteboard).

Durch das Hinterlegen der jeweiligen Aufgabe ist es z. B. machbar, verschiedene Arbeitsaufträge zu vergeben, ohne dass dies die gesamte Gruppe weiß (Inspiriert durch Heiko Vogel, http://www.heikovogel.de/).

Den **Faktor Zeit** für Gruppenarbeiten kann der E-Trainer durch die genannten Maßnahmen meist gut im Griff behalten.

Wesentlich ist jedoch auch der **Faktor Mensch**.

In den Nebenräumen virtueller Räume haben die Teilnehmer meist andere und zumeist mehr Rechte über die Tools.

Ungeübte Teilnehmer muss der E-Trainer daher an Gruppenarbeiten langsam heranführen, damit sich diese nicht überfordert fühlen.

5.5 Auflockerung

Pausen sind wichtige Bestandteile im Seminar und auch im Webinarablauf.

Insbesondere bei der Arbeit in virtuellen Räumen sitzen Personen oft angespannt und mit starrem Blick auf den Bildschirm vor dem Computer.
Doch arbeitet nicht nur der Kopf, sondern der gesamte Körper wird (oft einseitig) belastet.

Auflockerungen im Webinarverlauf können zum einen für den Körper, also tatsächlich ein paar kleine gymnastische Übungen sein.
Oder auch eine bewusste Entspannung, insbesondere für die Augen oder die Hände.
Dazu sind auf YouTube einige Tipps unter Stichworten wie z. B.: Handgymnastik-Übungen, Entspannung für die Gesichtsmuskeln, Bürogymnastik, Augenentspannung, usw. zu finden.

Die Methoden zur Auflockerung in diesem Kapitel setzen beim sozialen Austausch unter den Teilnehmern an. Denn was in der Präsenz oft von allein passiert, z. B. das Gespräch bei einer Tasse Kaffee oder der Pausenzigarette, muss im virtuellen Raum bewusst initiiert werden.

Sozialer Kontakt zwischen Teilnehmern virtueller Veranstaltungen ergibt sich nur dann, wenn dafür „Raum" da ist.

Wird vom E-Trainer kein Anlass geschaffen, dann verbringen die Teilnehmer ihre Pause für sich allein vor ihrem Computer. Ein Miteinander im Gespräch im virtuellen Szenario findet so nicht statt.

Die folgenden Methoden bieten kleine Anlässe an, damit sich Teilnehmer austauschen, erzählen, ins Gespräch kommen und Spaß haben können.

5.5.1 Gruppen-Knobelei (3D)

Praxiseinstieg

Optische Gruppen-Knobelspiele lassen sich sehr gut im 3D Raum umsetzen, da hier spontan und schnell kleine Teilnehmer-Gruppierungen gebildet werden können. Sandra hat dazu ein „Streichholz-Rätsel" vorbereitet.

Methodenablauf im Webinar

Auf einer Folie werden fünf nebeneinanderliegende Streichhölzer dargestellt. Sandra bittet die Teilnehmer, sich in Zweiergruppen bzw. in zwei bis drei kleine Gruppen aufzuteilen und sich drei Minuten, leise und mit etwas räumlichen Abstand zueinander über das Mikrofon zu besprechen.

Die Aufgabe lautet: „Wie kann man durch geschicktes Legen mit nur fünf Streichhölzern die Zahl Acht darstellen?"

Die Gruppe, welche die Lösung zu kennen glaubt, soll sich melden.

Verwendete Tools (Werkzeuge) im Webinarraum

Folie mit der Darstellung der fünf Streichhölzer, gegebenenfalls weitere Folie mit der Lösung (Präsentationsfläche), Mikrofon

Zeitaufwand im Webinar

wenig

Teilnehmerbeteiligung

gesamte Gruppe

Tipp

Jeder Teilnehmer überlegt zuerst eine Minute für sich selbst und schweigend. Erst dann startet der Gruppenaustausch.

Change 2D-3D

Die Methode lässt sich im virtuellen 2D Raum in Kleingruppen mit maximal vier Teilnehmern pro Gruppe umsetzen. In den Nebenräumen haben die Teams ca. drei Minuten Zeit, das Rätsel aufzulösen und auf dem Whiteboard zu dokumentieren.

Inspiriert durch Hertlein M. & Forin G., vgl. Lit. 12 & von Stetten T., vgl. Lit. 35

Auflösung: Durch die römische Darstellung der Zahl Acht ist dieses Rätsel lösbar.

5.5.2 Ich sehe was, was du nicht siehst... (2D)

Praxiseinstieg

Markus weiß, dass auch Erwachsene gerne spielen – und dass Spiele ein guter Ansatz für die Stärkung des sozialen Kontaktes zwischen den Teilnehmern sind.

Er denkt an das Kinderspiel „Ich sehe was, was du nicht siehst – und das ist... (Farbe oder sonstige Beschreibung durch ein Adjektiv)!?"

Einer fragt und der Rest der Gruppe sucht die Lösung. Wer die Antwort findet, darf die nächste Frage stellen.

Markus bereitet eine Folie mit einem detailreichen Bild vor.

Methodenablauf im Webinar

Markus erinnert die Teilnehmer an das Kinderspiel und erläutert kurz die Regeln.

Er bietet nun das Bild an, stellt aber auch alle anderen Details im genutzten virtuellen Raum zur Verfügung. Er fragt, wer die erste Frage stellen will – die schnellste Wortmeldung gewinnt.

Nach dem Stellen der Frage über das Mikrofon schreiben die Teilnehmer ihre Vermutung der Lösung stichwortartig in den Textchat.

Verwendete Tools (Werkzeuge) im Webinarraum

Folie mit einem Bild (Präsentationsfläche), Textchat, Mikrofon

Zeitaufwand im Webinar

wenig bis mittel

Teilnehmerbeteiligung

gesamte Gruppe

Tipp

Bei Gruppen bis maximal fünf Personen können die Vermutungen über das Mikrofon geäußert werden.

Variante

Thematisch lässt sich auch „Ich weiß etwas, was du nicht weißt ..." spielen. Ein Teilnehmer umschreibt einen fachlichen, zum Thema gehörenden, Begriff. Die restliche Teilnehmergruppe rät. Wer die Antwort findet, darf die nächste Frage stellen.

Diese Variante eignet sich auch für ein lockeres Ankommen oder zur Zwischenreflexion.

Change 2D-3D

Diese Auflockerung lässt sich auch im 3D Raum umsetzen. Hier benötigt der E-Trainer keine Folie oder Vorbereitungen, da 3D Szenarien meist genug Details anbieten, um das Spiel durchzuführen.

Inspiriert durch Kinderspiel „Ich sehe was, was du nicht siehst."

5.5.3 Riese – Mädchen – Wolf (3D)

Praxiseinstieg

Sandra möchte der Teilnehmergruppe durch ein spaßiges Spiel demonstrieren, wie nah der 3D Raum der Präsenz kommt. Im 3D Raum sind Bewegungen möglich, die der Avatar ausführt, sodass die Gruppe auch gesamt als solche sichtbar agieren kann.

Methodenablauf im Webinar

Sandra erklärt die Darstellung: „Der Riese hebt die Hand (Wortmeldung, macht sich groß) und schreit „jaaaa"." „Der Wolf knurrt und geht einen Schritt nach vorne" und das Mädchen winkt (Feedbackbutton) und lacht „hahaha"."

Ferner erläutert Sandra die Regeln: „Der Riese schlägt den Wolf, der Wolf das Mädchen, das Mädchen den Riesen."

Es werden zwei Gruppen eingeteilt und jede stimmt sich pro Durchgang heimlich (und leise, gegebenenfalls mit etwas räumlichen Abstand über das Mikrofon) ab, welche Figur gespielt wird.

Anschließend stellen sich die Gruppen gegenüber in einer Reihe auf.

Mit dem Start-Zeichen spielt jede der Gruppen die gewählte Figur.

Verwendete Tools (Werkzeuge) im Webinarraum

Feedback, Mikrofon

Zeitaufwand im Webinar

mittel

Teilnehmerbeteiligung
gesamte Gruppe

Tipp
Die einzelnen Gesten übt die E-Trainerin am besten vorher mit den Teilnehmern.

Diese Methode eignet sich u. a. dafür, um wesentliche Unterschiede und Gemeinsamkeiten von 2D & 3D Szenarien, auch im Vergleich mit der Präsenz zu erleben.

Inspiriert durch „Schere, Stein, Papier" bzw. „Drache, Prinzessin, Zauberer" oder „Oma, Löwe, Samurai"

5.5.4 Stimmt das so? (3D)

Praxiseinstieg

Markus plant, die Teilnehmer „nebenbei" zum Austausch und zur Diskussion anzuregen (vgl. „Was ist gemeint?" 5.5.6). Er listet verschiedene Rechenaufgaben auf. Die Aufgaben stehen gut sichtbar im Eingangsbereich und an verschiedenen weiteren Stellen in den Räumlichkeiten.

Methodenablauf im Webinar

Auf einer Folie bzw. einem Board sind unter der Überschrift „Stimmt das so?" verschiedene Aufgaben aufgelistet, z. B.:

- $8 + 7 = 15$

- $15 \times 4 = 61$

- $89 - 77 = 13$

- $45 \times 3 = 135$

- $23 + 9 = 32$

- $72 - 7 = 64$

- $36 + 17 = 53$

- [eigene weitere Ideen]

In der Regel muss der E-Trainer nicht auf eine Aufgabenstellung eingehen. Meist kommt die Initiative von einem der Teilnehmer.

Die Aufgabe kann (muss aber nicht) am Schluss gemeinsam besprochen werden.

Verwendete Tools (Werkzeuge) im Webinarraum

Folie bzw. o. g. Auflistung auf dem Board angeschrieben (Präsentationsfläche), gegebenenfalls Mikrofon

Zeitaufwand im Webinar
   wenig bis mittel

Teilnehmerbeteiligung
   gesamte Gruppe

Tipp
   Die Teilnehmer brauchen zeitlich und örtlich die Möglichkeit, um am Board vorbei zu kommen, ins Stocken zu geraten und zu knobeln.
   Denkbar ist es, die Auflistung für weitere Aufgaben „frei zu geben" (s. o.).

Inspiriert durch Hertlein M. & Forin G., vgl. Lit. 12

Auflösung: Falsche Aufgaben sind 15 x 4 = 60 (61), 89 − 77 = 12 (13), 72 − 7 = 65 (64)

5.5.5 Sprachverwirrung (3D)

Praxiseinstieg

Sandra möchte das Gruppengefühl stärken, den sozialen Austausch fördern und – im 3D Raum – neben der thematischen Arbeit mit den Teilnehmern ein bisschen Spaß haben. Ein Gruppen-Wettspiel soll diese Auflockerung bringen.

Dazu hat Sandra (zum Thema passende) mehrsilbige Begriffe ausgewählt.

Methodenablauf im Webinar

Es werden zwei Gruppen eingeteilt. Die Teams ziehen sich mit den Begriffen zur Vorbereitung in Nebenräume zurück. Die Teilnehmer gliedern ihr „Wort" in Silben auf und teilen jede Silbe einer Person zu.

Im Plenum zurück fängt die erste Gruppe an, ihren Begriff zu nennen – alle Personen sprechen dabei ihre Silbe gleichzeitig aus.

Die zweite Gruppe versucht den Begriff zu erraten. Pro Ausdruck dürfen maximal drei Versuche stattfinden (ist der erste Versuch richtig, gibt es drei Punkte). Zwei Versuche sind zwei, drei Versuche null Punkte.

Dann wird gewechselt.

Verwendete Tools (Werkzeuge) im Webinarraum

Gruppendokumente mit Begriffen (Dateiaustausch), Mikrofon

Zeitaufwand im Webinar

mittel

Teilnehmerbeteiligung

gesamte Gruppe

Tipp

Wichtig ist, dass alle Personen ihre Silbe gleichzeitig aussprechen. Das sollten die Kleingruppen jeweils kurz üben.

Variante

Gleichfalls können zum Lernthema passende Schlagworte gewählt werden. Wird der Begriff erraten, ist es möglich, diesen von der E-Trainerin und/oder den Teilnehmern noch einmal zu erläutern (Stichwort: Reflexion).

Denkbar ist auch, die Teilnehmergruppen zunächst selbst Begriffe aus dem Lernthema wählen zu lassen und dann das Spiel entsprechend durchzuführen.

Inspiriert durch Hirling H.,vgl. Lit. 13

5.5.6 Was ist gemeint? (3D)

Praxiseinstieg

Markus fordert seine Teilnehmer heute mit einem Gehirnjogging heraus. Außerdem soll die Gruppe miteinander ins Gespräch kommen. Dies startet er „nebenher" und bereits beim Ankommen (vgl. „Stimmt das so?" 5.5.4). Dazu werden die Rätsel gut sichtbar im Eingangsbereich und an verschiedenen Stellen in den Räumlichkeiten platziert.

Methodenablauf im Webinar

Auf einer Folie bzw. einem Board sind unter der Überschrift „Was ist gemeint?" verschiedene Punkte aufgelistet, z. B.:

- 26 B im A
- 90 G im r W
- 4 R hat ein A
- 12 M im J
- 8 P im S
- 21 A auf dem W
- 16 BL in D
- [eigene weitere Ideen]

In der Regel muss der E-Trainer hier gar nicht auf eine Aufgabenstellung eingehen. Meist kommt die Initiative von einem der Teilnehmer mit einer Nachfrage.

Verwendete Tools (Werkzeuge) im Webinarraum

Folie bzw. o. g. Auflistung auf dem Board angeschrieben (Präsentationsfläche), Mikrofon

Zeitaufwand im Webinar

wenig bis mittel

Teilnehmerbeteiligung

gesamte Gruppe

Tipp

Die Teilnehmer benötigen immer wieder die Möglichkeit (zeitlich und örtlich), um am Board vorbei zu kommen und zu knobeln.

Interessant ist auch, die Auflistung „frei zu geben" für neue Rätsel. Die Kreativität der Teilnehmer sucht sich hier manchmal spannende Wege.

Variante

Denkbar ist, die „Auflockerung" bewusst in das Webinarthema einzubinden. Dazu empfiehlt es sich, thematische Rätsel zu wählen. Die Methode ist so auch zum Ankommen (Rückblick) oder zur Reflexion einsetzbar.

Sollte sich die Auflistung nicht im Verlauf der Session von allein lösen, kann die Aufgabe als Gruppenarbeit vergeben werden.

Um möglichst wenig Zeit dafür zu benötigen bieten sich Teilnehmer-Tandems (Zeitfenster fünf Minuten) und dann der Austausch im Plenum an.

Change 2D-3D

Die Variante der Bearbeitung durch Gruppenarbeiten (z. B. auch als Wettbewerb) lässt sich gleichfalls im virtuellen 2D Raum umsetzen.

Dazu werden Kleingruppen mit maximal vier Teilnehmern gebildet. In den Nebenräumen haben die Gruppen ca. fünf Minuten Zeit (Zeitaufwand je nach Anzahl und Schwierigkeitsgrad der Fragestellungen, gegebenenfalls mehr Zeit einräumen) alles aufzulösen und auf dem Whiteboard zu dokumentieren.

Inspiriert durch Kohrs Jan-Torsten, vgl. Lit. 21

Auflösung: 26 Buchstaben im Alphabet, neunzig Grad im rechten Winkel, 4 Reifen hat ein Auto, 12 Monate im Jahr, 8 Planeten im Sonnensystem, 21 Augen auf dem Würfel, 16 Bundesländer in Deutschland

5.6 Reflexion, Feedback, Zusammenfassen & Abschluss

Lediglich zu Beginn Erwartungen abzufragen und am Ende ein kurzes Schlussfeedback mitzunehmen, lässt keine Möglichkeiten zur „Kurskorrektur" für den Webinarablauf zu.

Lernszenarien benötigen nach meiner Auffassung genau wie „Weltraumprojekte wiederkehrende Prüfungen, um den (Lern)Prozess effektiv zu steuern"[7] und am Ende die (Lern)Ziele möglichst genau zu treffen.

Dies gilt nicht nur für das Thema selbst.

Auch für die sozialen Kontakte zwischen dem E-Trainer und den Teilnehmern und unter den Teilnehmern selbst ist dieser Punkt wichtig.

In den vorherigen Kapiteln sind bereits einige Methoden zu finden, welche sich auch zur Reflexion eignen.

Die folgenden Methoden ergänzen dies, um insbesondere die soziale Komponente, also die „Stimmung im Webinar" zu erfassen.

---

7   vgl. sinngemäß Allen & Allen, 2+2 Feedback, Gabal 2006, S. 15 ff

5.6.1 Blitzlicht (2D)

Praxiseinstieg

Eine intensive Arbeitsphase liegt hinter Sandra und den Teilnehmern. Da der Kurs berufsbegleitend (Stichwort: Doppelbelastung der Teilnehmer) abläuft, möchte sie im Lernprozess mit der Gruppe immer wieder bewusst reflektieren, wo jeder Einzelne zum jeweiligen Zeitpunkt genau steht.

Methodenablauf im Webinar

Für das Blitzlicht hat Sandra verschiedene Folien vorbereitet, welche sie wechselnd einsetzt.

- Folie 1: Vier Smileys (z. B. breit grinsend, lachend, neutral und mit negativem Gesichtsausdruck). Die Teilnehmer setzen mit einem Stempel auf dem Whiteboard ihr Befinden.

- Folie 2: Fragestellung „Wo stehen Sie gerade (im Thema / im Webinarverlauf?". Die vorbereitete Umfrage bietet folgende Auswahlmöglichkeiten: (1) „Alles gut!", (2) „Ich habe ein paar Fragen", (3) „Ich bin völlig verwirrt".
  Die Abfrage führt Sandra je nach Möglichkeiten des virtuellen Raumes und Zielfokus anonym oder personalisiert durch.

- Folie 3: Fragestellung „Was war der wichtigste Impuls (zum Thema / aus der Webinargruppe) für Sie in der letzten Session"? Dazu schreiben die Teilnehmer einen Satz in den Textchat.

Verwendete Tools (Werkzeuge) im Webinarraum

Folie (Präsentationsfläche), Whiteboard, Abstimmung, Textchat, Mikrofon

Zeitaufwand im Webinar

wenig bis mittel

Teilnehmerbeteiligung

gesamte Gruppe

Tipp

Insbesondere bei solchen Abfragen gibt es keine richtige oder falsche Antwort.

Außerdem ist es wichtig, nicht zu bewerten! Je nach Rückmeldung sollte die E-Trainerin nachfragen, gegebenenfalls sogar vertieft hinterfragen. Manchmal entsteht aus einer solchen Rückfrage eine Gruppendiskussion, die zu Klärungen und auf jedem Fall zu Verbesserungen im Miteinander führt.

Oft wird Teilnehmern erst bei einer solchen Reflexion klar, welchen Weg sie im Lernprozess bereits geschafft haben (Stichwort: Lernerfolgskontrolle).

Change 2D-3D

Im 3D Raum lässt sich diese Methode mit den Folien eins und zwei, mit der gleichen Vorbereitung durchführen. Dazu werden diese auf der Medienwand dargestellt. Die Teilnehmer agieren mit ihrem Zeigepfeil bzw. dem Laserpointer.

Die dritte Fragestellung lässt sich über das Board umsetzen, auf welches die Teilnehmer anonym ihre Rückmeldung schreiben.

5.6.2 Energiepegel (3D)

Praxiseinstieg

Ein vielschichtiges und intensives Thema liegt hinter Markus und den Teilnehmern. Er möchte der Gruppe verdeutlichen, wo jeder steht und sich gleichfalls selbst ein Bild vom Standort der einzelnen Personen machen.

Methodenablauf im Webinar

Im 3D Raum wählt Markus einen Bereich, der unterschiedliche Aspekte ermöglicht. Beispielsweise Steinboden und Gras, Stufen oder ein Szenario mit Licht und Schatten.

Die Teilnehmer sollen sich nun z. B. auf den Stufen platzieren. Je weiter oben, desto höher ist ihr eigener momentaner Energielevel.

Ähnlich das Szenario mit Licht & Schatten. Die Teilnehmer platzieren sich passend zu ihrem Befinden. Dieses Empfinden fassen sie dann jeweils in einem kurzen Satz über das Mikrofon zusammen.

Verwendete Tools (Werkzeuge) im Webinarraum

Mikrofon

Zeitaufwand im Webinar

wenig bis mittel

Teilnehmerbeteiligung

gesamte Gruppe

Tipp

Unterschiedliche Schwerpunkte zu dieser Reflexion sind möglich, z. B.:

- Der tatsächliche Energiepegel einzelner Personen (Stichwort: Wohlbefinden).
- Das Gefühl der Teilnehmer zum und mit dem behandelten Thema.

Variante

Diese Methode lässt sich gleichfalls zum gemeinsamen Ankommen mit einer Gruppe durchführen. Dabei können u. a. die vorhergehende Session oder wiederum das tatsächliche derzeitige Befinden oder das „Gefühl im Thema", reflektiert werden.

5.6.3 Handauswertung (3D)

Praxiseinstieg

Die Webinarreihe hat Markus zum ersten Mal für den Kunden durchgeführt. Ein detailliertes Feedback ist daher für ihn und den Auftraggeber wichtig, auch um gegebenenfalls Anpassungen vorzunehmen.

Gleichzeitig ist es für Markus unerlässlich, dass jeder Teilnehmer zu Wort kommt und alle für ihn wesentlichen Punkte formulieren kann.

Methodenablauf im Webinar

Markus bereitet fünf Folien vor. Auf allen ist eine Hand zu sehen. Dabei ist der Reihe nach jeder Finger farblich markiert.

Die Teilnehmer reflektieren:

- Daumen – „Das war wirklich gut...!"
- Zeigefinger – „Darauf möchte ich hinweisen bzw. darauf sollte geschaut werden...!"
- Mittelfinger – „Das war schlecht...!"
- Ringfinger – „So empfand ich die Teilnehmergruppe ...!"
- Kleiner Finger – „Das ist zu kurz gekommen...!"

Die Teilnehmer schreiben ihre Anmerkungen zum jeweiligen Punkt auf die Folie.

Lässt der 3D Raum dies zu, können gleichzeitig alle fünf Folien präsentiert werden und die Teilnehmer wandern von Board zu Board und notieren ihre Punkte.

Im Anschluss finden eine gemeinsame Betrachtung und gegebenenfalls Diskussion (Mikrofon) durch die Gruppe statt.

Verwendete Tools (Werkzeuge) im Webinarraum
Folie (Präsentationsfläche), Whiteboard, (Mikrofon)

Zeitaufwand im Webinar
mittel bis hoch

Teilnehmerbeteiligung
gesamte Gruppe

Tipp
Zwei Dinge sind wichtig: (1) Während der Bearbeitung wird nicht gesprochen! (2) Bei der anschließenden gemeinsamen Betrachtung gibt es keine Diskussion, lediglich Klärungsfragen sind erlaubt. Insbesondere sollte sich niemand rechtfertigen müssen.

Inspiriert durch Bildungsteam Berlin-Brandenburg e.V., vgl. Lit. 4

5.6.4 Ich gehe jetzt, weil ... (3D)

Praxiseinstieg

Die letzten Minuten der Webinarreihe sind angebrochen und Markus verabschiedet die Teilnehmer mit einer kurzen Abschlussreflexion.

Methodenablauf im Webinar

Alle Teilnehmer versammeln sich dazu in einem größeren Raum, in welchem sich alle im Kreis aufstellen können.

Markus bittet jeden: „Formulieren Sie ihren Grund, warum es nun Zeit ist für Sie zu gehen. Das kann z. B. sein, dass Sie jetzt Feierabend haben möchten oder dass der Babysitter gleich gehen muss, oder, oder ...!"

Jeder, der seinen Satz gesagt hat, tritt dann einen Schritt aus dem Kreis nach hinten.

Haben alle Teilnehmer ihren Satz über das Mikrofon ausgesprochen, formuliert zuletzt Markus seinen Satz. Anschließend sind die Teilnehmer entlassen.

Verwendete Tools (Werkzeuge) im Webinarraum

Mikrofon

Zeitaufwand im Webinar

wenig bis mittel

Teilnehmerbeteiligung

gesamte Gruppe

Tipp

Wichtig ist, dass jeder seinen Satz sagt und es keine Kommentare, Diskussionen oder Ähnliches gibt.

Für die Gruppenbindung und gegebenenfalls weitere Webinare hat sich außerdem bewährt, dass der E-Trainer ebenfalls einen Abschlusssatz formuliert.

Variante

Diese Methode lässt sich auch umkehren, um zum Ankommen bzw. zur Erwartungsabfrage genutzt zu werden. Dazu stehen zunächst alle in einem größeren Kreis. Jeder formuliert einen Satz zu „Ich bin heute dabei, weil ..." Nach Beendigung des Satzes tritt der Teilnehmer dann einen Schritt nach vorne (die Teilnehmer kommen sich näher).

Change 2D-3D

Abgewandelt lässt sich die Methode im virtuellen 2D Raum, z. B. im Verlauf der Namenslistung auf der Teilnehmerliste, umsetzen. Jeder formuliert seinen Satz (wie oben beschrieben). Nach Beendigung des Satzes setzt der Teilnehmer dann ein „Zustimmen" bzw. einen grünen Haken.

Inspiriert durch Gruppenleiterseminar Damm, vgl. Lit. 11

5.6.5 Mein wichtigster Punkt (2D)

Praxiseinstieg

Große Teilnehmergruppen sind immer dann eine Herausforderung, wenn es darum geht, möglichst mit allen „in Kontakt" zu sein. Die heutige Gruppe von Sandra hatte dreißig Teilnehmer. Viele Inhalte wurden im thematischen Teil besprochen und die Zeit für die Abschlussreflexion ist kurz. Trotzdem möchte Sandra möglichst von jedem Teilnehmer ein persönliches Schlusswort erhalten.

Methodenablauf im Webinar

Sandra hat eine Folie vorbereitet, auf welcher folgende Aussage zu lesen ist: „Mein wichtigster Punkt heute war: ..., weil ..."

Nach dem Zeigen der Folie fordert Sandra die Teilnehmer auf, zunächst ein Stichwort, maximal einen Satz zum „wichtigsten Punkt" in den Textchat zu formulieren.

Sie wählt diese Vorgehensweise, da manche Aussagen bereits so aussagekräftig genug sind. Sandra liest alle Meldungen – unter Nennung der Personen – während diese im Textchat auftauchen, vor. Beispielsweise: „Frau Müller schreibt: ..."; „Herr Binder sagt: ..."

Bei unklaren Rückmeldungen bittet Sandra die jeweiligen Teilnehmer, die „weil-Ergänzung" in den Textchat zu formulieren.

Verwendete Tools (Werkzeuge) im Webinarraum

Folie mit Fragestellung (Präsentationsfläche), Textchat, Mikrofon

Zeitaufwand im Webinar

wenig bis mittel

Teilnehmerbeteiligung

gesamte Gruppe

Tipp

Bei Gruppengrößen bis maximal zwölf Personen kann die E-Trainerin nach der ersten Auflistung im Textchat, (einzelne) Personen um eine „weil-Ergänzung" am Mikrofon bitten.

Im Rahmen der Reflexion ist die Frage an die Teilnehmer: „Was mich am meisten überrascht hat, war ..." auch oft sehr aufschlussreich.

Variante

Diese Methode lässt sich auch umkehren, um zum Ankommen bzw. zur Erwartungsabfrage genutzt zu werden. Die Frage lautet dann: „Mein wichtigster Punkt heute ist: ..., weil ..."

Change 2D-3D

Im virtuellen 3D Szenario lässt sich dies so umsetzen: Die Frage wird auf einem Board aufgezeigt und die Teilnehmer können dann auf dieser Fläche personalisierte Rückmeldungen schreiben. Gleichfalls kann ein verbaler Austausch (je nach Gruppengröße) vorgenommen werden.

5.6.6 Passt – Passt nicht (2D)

Praxiseinstieg

Markus hat wahrgenommen, dass es in der Gruppe sehr unterschiedliche Betrachtungs- und Interpretationsweisen zum Thema gibt. Er möchte dies aufgreifen, um das Ganze gemeinsam kontrovers zu reflektieren. Dazu wählt Markus verschiedene Bilder zur Thematik aus und bereitet eine Folie vor. Die Abbildungen werden nummeriert.

Methodenablauf im Webinar

„Welches Bild passt aus Ihrer Sicht genau zur Thematik? Bitte schreiben Sie die entsprechende Nummer in den Textchat.", lautet die erste Anweisung von Markus.

Nach diesem Einstieg und der Sammlung lautet die nächste Frage: „Welches Bild passt aus Ihrer Sicht überhaupt nicht? Bitte schreiben Sie die Nummer in den Textchat."

Aufgrund der Rückmeldungen fragt Markus dann bei den einzelnen Personen nach und bittet diese, sich am Mikrofon zu äußern.

Verwendete Tools (Werkzeuge) im Webinarraum

Folie mit passenden Clipart/Bildern zum Thema (Präsentationsfläche), Textchat, Mikrofon

Zeitaufwand im Webinar

mittel

Teilnehmerbeteiligung

gesamte Gruppe

Tipp

Wichtig ist, dass der E-Trainer alle Ausführungen zulässt, da es in der Regel kein Falsch oder Richtig gibt. Genau dies sollte er deutlich machen, wenn es zu einer Diskussion unter den Teilnehmern kommt.

Die Teilnehmer (thematische) Gegenpaare (z. B. Feuer & Wasser, oder Himmel & Erde) finden zu lassen, ist eine mögliche Variation. Die vorbereiteten Bilder sind vom E-Trainer entsprechend des Themas auszuwählen.

Variante

Sollen die Teilnehmer bereits thematisch ankommen, kann die Methode in gleicher Weise auch zu Beginn eingesetzt werden. Durch diesen Ablauf lässt sich gleichzeitig vorhandenes Vorwissen der Teilnehmer sichtbar machen.

Change 2D-3D

Die Methode lässt sich auch im virtuellen 3D Raum umsetzen.

Der E-Trainer blendet die Bilder einzeln auf der Mediawand ein und die Teilnehmer sollen sich in relativer Position zum Bild platzieren, je nachdem wie passend („anziehend") oder nicht passend („abstoßend") sie das Bild empfinden.

5.6.7 Reflektiv gefragt (2D)

Praxiseinstieg

Sandra hat viele Inhalte im thematischen Teil mit den Teilnehmern durchgesprochen. In der Abschlussreflexion sollen möglichst alle bearbeiteten Inhalte reflektiert werden. Gleichzeitig möchte sie jede Person noch einmal zu Wort kommen lassen.

Methodenablauf im Webinar

Auf der von Sandra vorbereiteten Folie, steht: „Meine drei wichtigsten Punkte zum Thema in dieser Webinarreihe waren ...“

Sandra bitte die Teilnehmer zunächst, ihre drei Punkte (als Stichworte) im Textchat zu benennen.

Nach der ersten Sichtung bittet sie (nach ihrem Ermessen) die Teilnehmer um weitergehende Erläuterungen zu den Punkten. Entweder über den Textchat oder das Mikrofon soll dies so formuliert werden, dass auch ein Außenstehender den jeweiligen Punkt nachvollziehen kann. Bei jedem Aspekt hat Sandra dann die Möglichkeit zu ergänzen.

Verwendete Tools (Werkzeuge) im Webinarraum

Folie (Präsentationsfläche), Feedback (Wortmeldung), Mikrofon, gegebenenfalls Textchat

Zeitaufwand im Webinar

mittel bis hoch

Teilnehmerbeteiligung

gesamte Gruppe

Tipp

Steht genügend Zeit für die Abschlussreflexion zur Verfügung, kann die E-Trainerin auch die Gruppe insgesamt zu den einzelnen genannten Punkten nochmals zu Wort kommen lassen, bevor sie selbst ergänzt bzw. einen Aspekt abschließt.

Handelt es sich um eine große Gruppe, kann in Zweiergruppen zunächst die Benennung der eigenen Punkte sowie eine Erläuterung dazu in Nebenräumen formuliert werden. Im Anschluss wird im Plenum vorgetragen und diskutiert.

Denkbar ist auch, zwei thematische Aspekte und einen „persönlichen Punkt" abzufragen.

Variante

Umgekehrt gefragt, lässt sich auch diese Methode zum Ankommen (z. B. zur Erwartungsabfrage) einsetzen. Die Frage lautet dann: „Meine drei wichtigsten Punkte zum Thema in dieser Webinarreihe sind/wären ...". Mögliche Abwandlung vgl. „Drei Antworten" 5.1.1.

Change 2D-3D

Im virtuellen 3D Szenario wird die Frage auf einem Board aufgezeigt. Die Teilnehmer schreiben dann auf dieser Fläche personalisierte Rückmeldungen. Der verbale Austausch findet im Anschluss, wie oben beschrieben, statt.

5.6.8 Zielen & Treffen (3D)

Praxiseinstieg

Markus hat viele Inhalte mit der Gruppe bearbeitet. Für eine ausführliche Reflexion bleibt leider keine Zeit. Trotzdem möchte er ein Feedback von allen Teilnehmern einholen, das außerdem möglichst schnell umsetzbar ist.

Methodenablauf im Webinar

Auf einer Folie hat Markus dazu eine „Dartscheibe" platziert. Diese weist z. B. folgende Unterteilungen (Kuchenstücke) auf: Themenumfang, Interaktion, Lernzugewinn, Zusammenarbeit.

Auf einem Board im Verabschiedungsbereich bittet er jeden Teilnehmer in jeden Bereich einen Punkt (mit den Whiteboardfunktionen) zu setzen.

Wie beim Dart gilt, je näher in der Mitte, desto mehr wurde das Ziel erreicht.

Verwendete Tools (Werkzeuge) im Webinarraum

Folie (Präsentationsfläche), Whiteboard

Zeitaufwand im Webinar

wenig

Teilnehmerbeteiligung

gesamte Gruppe

Tipp

Die „Kuchenstücke" lassen sich, je nachdem wie viele Aspekte der E-Trainer evaluieren will, anpassen. Gleichfalls sind die Perspektiven variierbar.

Gegebenenfalls gibt es, wie beim Dart, auch einen Bereich, der außerhalb der Scheibe liegt und trotzdem angesprochen werden soll(te).

Dazu wird dann parallel ein zweites Board genutzt, auf welchem Stichworte notiert werden können.

Change 2D-3D

Stellt der virtuelle 2D Raum ein Whiteboard zur Verfügung, auf welchem alle Teilnehmer gleichzeitig arbeiten können, dann ist die Methode auch hier durchführbar.

Inspiriert durch Marz Isabelle, vgl. Lit. 26

6. Post Scriptum

„Das kann doch nicht sein, dass wir schon durch sind!"

Immer wenn ich als E-Trainerin eine solche Rückmeldung bekomme, dann weiß ich, die Teilnehmer waren dabei – und dies nicht nur als Namen auf der Teilnehmerliste.

Wenn unsere Teilnehmer sich so eingebunden fühlen, dass sie:
- im Thema und in der Gruppe sind,
- die Zeit vergessen und,
- trotz Arbeitsalltag aktiv im Webinar mitarbeiten,
  dann waren wir bei unserer Arbeit als E-Trainer erfolgreich.

Wenn das Feedback lautet: „Es war toll das Thema praxisnah, mit unseren Beispielen zu besprechen.", dann hat der E-Trainer die Verbindung zu den Teilnehmern und ihren Bedürfnissen herstellen können.

Und dann konnten die Teilnehmer aus den Webinarinhalten am meisten für sich mitnehmen.

Ich finde, dass dies eine der wesentlichsten Aufgaben für Lehrende in einer Wissensgesellschaft, die lebenslanges Lernen erfordert, ist.

Ich wünsche Ihnen viel Erfolg bei Ihrer Arbeit als E-Trainer und E-Coach in den virtuellen 2D und 3D Räumen.

Machen Sie Ihre Webinare zu einem aktiven und interaktiven Erlebnis für Ihre Teilnehmer.

Und bei allem Aufwand bin ich sicher, dass auch Sie selbst von solchen Webinaren viel profitieren werden.

Herzliche Grüße, Ihre Anja Röck

7. Suchen & Finden

7.1 Glossar

Abstimmung

Soll Teilnehmern mehr als eine Ja/Nein-Antwortmöglichkeit angeboten werden, dann bietet sich eine Abstimmung an.

Diese kann im virtuellen Raum meist sowohl anonym, als auch personalisiert vorgenommen werden.

Außerdem bietet die Software oft die Wahl zwischen Einfach- und Mehrfachantworten an.

Board

siehe Whiteboard

Breakoutrooms

siehe Gruppenräume

Dateitransfer/Dateiaustausch

Jeder virtuelle Raum bietet einen Bereich zum sogenannten Dateitransfer bzw. -austausch. Über diesen kann, z. B. vom E-Trainer, den Teilnehmern ein Dokument zur Verfügung gestellt werden.

Feedback

Zumeist werden verschiedene Symbole für unterschiedliche Rückmeldungen angeboten. Beispielsweise ein „Zustimmen" oder „Nicht-zustimmen" für eine einfache Abfrage.

Wichtig ist, dass die Teilnehmer sich über eine Funktion auch „zu Wort melden" können, z. B. um eine Frage zu stellen.

Gruppenräume

Diese entsprechen Nebenräumen (synonym: Breakout Rooms) in der Präsenz.

Je nach Software können die Teilnehmer entweder selbst vom Haupt- in die Nebenräume wechseln oder der E-Trainer verteilt über die Software die Personen.

Präsentationsfläche

Auf dieser Fläche (im 3D Raum auch Boards) werden die Inhalte des Webinars darstellt. Dies kann eine PowerPoint- oder pdf-Datei sein. Ebenso ist oft das Zeigen von Bildern oder Videos möglich.

Die Präsentationsfläche kann außerdem zumeist mit einem Whiteboard (s.u.) überblendet werden.

Pointer

siehe Zeigepfeil

Teilnehmerliste

Alle im virtuellen Raum anwesende Personen werden in der Teilnehmerliste (meist alphabetisch) aufgelistet.

Die Listung unterscheidet in manchen Webinarräumen auch den unterschiedlichen Status, also beispielsweise „Rauminhaber-Moderator-Teilnehmer" oder auch „Adiministrator-Moderator-Teilnehmer".

Diese Listung des Status gibt gleichfalls Hinweise über die unterschiedlichen Berechtigungen (z. B. ob auf dem Whiteboard etwas geschrieben werden darf oder nicht).

In der Teilnehmerliste wird ferner personenspezifisches Feedback (siehe oben) angezeigt.

Textchat

In diesem werden in der Regel die von der E-Trainerin und den Teilnehmern geschriebenen Kommentare aufgelistet. Dies geschieht in der zeitlichen Reihenfolge, in welcher sie erstellt wurden.

Meist gibt es einen allgemeinen, offenen Textchatbereich. Hier können alle im Raum Anwesende, alles lesen. Möglich ist auch das sogenannte „Flüstern". Dabei findet ein Austausch nur unter bestimmten Personen statt.

Tools

Viele Bezeichnungen im virtuellen Raum werden in der englischen Version benutzt.

Bei den Tools handelt es sich um die vorhandenen Werkzeuge (Abstimmung, Whiteboard, Mindmap, Dateitransfer usw.). Diese und auch die mögliche Nutzbarkeit (Stichwort: Rechte) können sehr unterschiedlich sein.

Umfrage

siehe Abstimmung

Werkzeuge

siehe Tools

Whiteboard

„Das Whiteboard im Webinarraum ist vergleichbar zum Flipchart im Seminarraum.[8]" Mit Textwerkzeugen oder farblichen Markierungen kann hier entweder auf einer vorbereiteten Folie oder auf einem leeren Board gearbeitet werden.

8   Anja Röck, „99+ Fragen & Antworten zum Webinar", S. 132

Wortmeldung

Die Meldung ist teilnehmerbezogen und gehört zu den Feedbackmöglichkeiten (s. o.).

Im 2D Raum wird diese meist durch ein „gehobene Hand" oder ein „Figur"Symbol neben dem jeweiligen Teilnehmernamen (auf der Teilnehmerliste) dargestellt.

Zeigepfeil

Sowohl in 2D als auch in 3D Szenarien gibt es meist ein personenspezifisches Zeigewerkzeug. Im 2D Raum ist dies überwiegend ein Pfeil, neben dem der Teilnehmername angezeigt wird. Im 3D Raum steht z. B. ein „Laserpointer" zur Verfügung.

7.2 Nützliches im Netz

- arise Blog zu Online Lernen, Webinare, E-Learning und vieles mehr... https://arise-coaching.blogspot.com/
- Berufsverband für Online Bildung e.V. http://www.bv-online-bildung.de
- Bundesinstitut für Berufsbildung https://www.bibb.de/de/711.php
- Informationen zur Gestaltung von Hochschulbildung mit digitalen Medien https://www.e-teaching.org/
- Learntec https://www.learntec.de/

[Die Links wurden zuletzt am 06.02.2019 aufgerufen]

8. Quellen, Links & Literatur

1. Allen & Allen, 2+2 Feedback, Gabal 2006, S. 15 ff

2. Arnold Rolf Prof. Dr., „Kriterien erwachsenengemäßen Lernens" (S. 199)

3. absolventa (2018): XYZ – Generationen auf dem Arbeitsmarkt [online] https://www.absolventa.de/karriereguide/berufseinsteiger-wissen/xyz-generationen-arbeitsmarkt-ueberblick [17.01.2019]

4. Bildungsteam Berlin-Brandenburg e.V.: Energizer [online] http://diversity.bildungsteam.de/energizer [17.01.2019]

5. Bieschke-Behm Manfred, Lebendige Gruppenarbeit durch kreative Methoden - Mittelhof e. V. [online] https://www.mittelhof.org/static/media/filer_public/.../selbsthilfe_reader_2015.pdf [17.01.2019] (pdf-Dokument)

6. Dießner Helmar Dr., „Die Gruppe und ich – Ich und die Gruppe" Junfermann Verlag 2005

7. „Digitale Arbeitswelt" zur beruflichen Weiterbildung - Arbeiten 4.0 (pdf-Dokument)

8. Dumitru Ion, Universität de Vest din Timisoara, (2000): Erwachsene lernen anders, [online] http://www.die-frankfurt.de/esprid/dokumente/doc-2000/dumitru00_01.htm [16.01.2019]

9. Glossner Albert , Arbeitsgemeinschaft Bildung und Beruf e.V., Pößneck (2014): Workshop Spiele: 33 Aktivierungen für mehr Energie im Seminar, [online] https://www.abb-seminare.de/blog/workshop-spiele/ [16.01.2019]

10. Grein Marion: Methoden neu, [online] https://marionneurodidaktik.files.wordpress.com/2014/02/methoden-neu.pdf [17.01.2019], pdf-Dokument S. 1

11. Gruppenleiterseminar Damm (2008): Methodenhandbuch für die Arbeit mit Gruppen https://www.yumpu.com/de/document/view/2005106/methodenhand buch-fur-die-arbeit-mit-gruppen-08-jugend-in-mv [17.01.2019] (pdf-Dokument, S.12, 24)

12. Hertelein M., Gaston F., „Wunderbar", managerSeminare 2017, S. 40, S. 109

13. Hirling Hans: Sprachenwirrwarr? [online] http://www.gruppenspiele-hits.de/sonstige-spiele/silbenworte.html [17.01.2019]

14. Hochschule Bochum, „Methodenkoffer Technik-Didaktik A. Warming-ups, Energizer" (pdf-Dokument)

15. Huffington Post USA (2014): Das Geheimnis der Kreativität: So ticken einfallsreiche Menschen, [online] https://www.huffingtonpost.de/2014/03/06/das-geheimnis-der-kreativitaet_n_4911257.html [16.01.2019]

16. Jütte Wolfgang, Walber Markus, „Interaktive Professionalisierungsszenarien in der Weiterbildung" (pdf-Dokument), https://www.wbv.de/artikel/6004199w043 (Link vom 26.07.2018)

17. Klee Oliver (2006): Spiele und Methoden für Workshops, Seminare, Erstsemestereinführungen oder einfach so zum Spaß [online] https://www.spielereader.org/ [17.01.2019]

18. Kohrs Jan-Torsten, (2013): Aus der Trainer-Praxis: die Stimmung im Seminar abfragen mit der „SMS-Methode" [online] http://www.methodium.de/aus-der-trainer-praxis-die-stimmung-im-seminar-abfragen-mit-der-sms-methode/ [17.01.2019]

19. Kohrs Jan-Torsten, (2014): Eine Methode für wahrlich überraschende Vorstellungsrunden [online] http://www.methodium.de/eine-methode-fuer-wahrlich-ueberraschende-vorstellungsrunden/ [17.01.2019]

20. Kohrs Jan-Torsten, (2013): Aus der Trainer-Praxis: die Stimmung im Seminar abfragen mit der „SMS-Methode" [online] http://www.methodium.de/aus-der-trainer-praxis-die-stimmung-im-seminar-abfragen-mit-der-sms-methode/ [17.01.2019]

21. Kohrs Jan-Torsten, (2016): Seminareinstieg mit „5 F an der H" [online] http://www.methodium.de/seminareinstieg-mit-5-f-an-der-h/ [17.01.2019]

22. Konrad-Adenauer-Stiftung, Stabsstelle Methodik und Didaktik, Berlin: Methodeneinsatz - Einstiegsmethoden [online] https://www.kas.de/web/politische-bildung/einstiegsmethoden [17.01.2019]

23. Langheiter Anna, „Trainingsdesign", managerSeminare 2018

24. Lux Sonja, Weidmann Adrian (2018): Methodenkoffer 50plus [online] https://www.blogs.uni-mainz.de/zww/files/2018/08/Workshop_3_Skript.pdf [17.01.2019], pdf-Dokument S. 6

25. Marmet Otto, „Ich und du und so weiter", Beltz Verlag 1999

26. Marz Isabelle et.al.: 55 Beispielmethoden mit Kurzerläuterungen für unterschiedliche Bildungs- und Erziehungsbereiche in sozialpädagogischen Einrichtungen [online] www.bbs-ehs-trier.de/schulformen/fs/fss/fss_Methodenpool_Sozialpaedagogik.pdf [17.01.2019]

27. Meier Dave, Accelerated Learning, managerSeminare Verlags GmbH, 2000, S. 184

28. Meister D. & Kamin M. (2010):Digitale Lernwelten in der Erwachsenen- und Weiterbildung [online] https://www.researchgate.net/publication/241003246_Digitale_Lern welten_in_der_Erwachsenen-_und_Weiterbildung [17.01.2019], pdf-Dokument S. 5

29. Neumann Ulf für wb-web: Die Lernlandkarte [online] https://wb-web.de/material/lehren-lernen/die-lernlandkarte.html [17.01.2019]

30. Nuissl von Rein E. Prof. Dr. (2000): Interview Universität de Vest din Timisoara durch Dr. Ion Dumitru [online] http://www.die-frankfurt.de/esprid/dokumente/doc-2000/dumitru00_01.htm [17.01.2019]

31. Röck Anja „99+ Fragen & Antworten zum Webinar", Grin Verlag 2015

32. Rory´s Story Cubes, The Creativity Hub Ltd., Würfelspiel

33. Meister D. & Kamin M. (2010):Digitale Lernwelten in der Erwachsenen- und Weiterbildung [online] https://www.researchgate.net/publication/241003246_Digitale_Lern welten_in_der_Erwachsenen-_und_Weiterbildung [17.01.2019], pdf-Dokument S. 5

34. Stahl Eberhard, „Dynamik in Gruppen", Beltz Verlag 2002

35. von Stetten Thomas: Knobelaufgaben mit Streichhölzern [online] https://www.raetseldino.de/knobelaufgaben-streichhoelzer.html [17.01.2019]

36. Wendorff Jörg: Schlüsselbund-Vorstellung [online] http://didaktik-lernen.de/lehr_lern_methodik.html?id_llm=1 [16.01.2019]

37. Zukunftsinstitut GmbH Deutschland: Was macht Menschen neugierig?, [online] https://www.zukunftsinstitut.de/artikel/was-macht-menschen-neugierig/ [16.01.2019]

38. wizard.webquests.ch/pics/upload/1003/Reflexionsmethoden.pdf (pdf-Dokument, Link vom 04.07.2018)

39. Zukunftsinstitut GmbH Deutschland: Was macht Menschen neugierig?, [online] https://www.zukunftsinstitut.de/artikel/was-macht-menschen-neugierig/ [16.01.2019]

Über die Autorin

Anja Röck,
M. A., Studium Personalentwicklung
Dipl. Ing. (FH)

Seit 2005 bin ich freiberuflich als Personalentwicklerin, Coach und Live-Online-Trainerin tätig.

Meine Arbeit findet dabei hauptsächlich über das Internet, in synchronen virtuellen 2D- und 3D-Räumen sowie in asynchronen Foren statt.

Ich berate und unterstütze Weiterbildungseinrichtungen und Unternehmen bei der Implementierung von E-Learning-Szenarien und der Anpassung von Content.

In den letzten Jahren wurden von mir in der Regel jährlich ca. 120–150 E-Trainer und Online-Teacher ausgebildet.
Seit 2014 betreibe ich einen fachlichen Blog zu den Schwerpunkten „Online Lernen, Webinare, E-Learning und vieles mehr...": https://arise-coaching.blogspot.com/

Von 2015 bis 2017 leitete ich außerdem den ersten rein online stattfindenden e-Trainer-Kongress®.

Weitere Informationen zu mir sind zu finden unter:
https://bit.ly/2HXQ5dz
Mehr zu mir als Autorin lesen Sie hier: https://bit.ly/2I3LXJg

Danke

Zu allererst sage ich Danke an die vielen Teilnehmern meiner Webinare!
Sie alle ermöglichen es mir immer wieder neue Methoden auszuprobieren und vorhandene weiter zu entwickeln.

Herzlichen Dank an E-Trainer-Kolleginnen und –Kollegen, mit welchen ich mich regelmäßig über verschiedene Methoden in virtuellen Räumen austausche. Diese Diskussionen sind jedes Mal sehr erhellend.

Danke an meine fleißigen Testleser/innen!
Sie alle waren sehr genau, insbesondere was die Komma-Regeln angeht und haben Rechtschreibfehler gefunden, die das Schreibprogramm übersehen hat.

Vielen Dank an Helmut Knapp, der mich bei der Cover Gestaltung wesentlich unterstützt hat.

Ein herzliches und umfangreiches Dankeschön an meine Kollegin Sandra Philipp.
Ohne sie wäre ich bei der Zusammenstellung und Formatierung des Buches bestimmt oft verzweifelt.

Weitere Tipps

99+ Fragen & Antworten zum Webinar
Wie gute Webinare durch professionelle E-Trainer entstehen

ca. 200 Seiten
Print-Buch (GRIN): € 34,99 [D]
eBook (GRIN, amazon): € 29,99 [D]

Professionelle Webinare gestalten – was E-Trainer beachten sollten

Wie baut man ein gutes Webinar auf? Welche Kompetenzen sollte ein E-Trainer haben? Auf welche Weise kann ein E-Trainer sowohl die Anforderungen des Auftraggebers erfüllen, als auch gleichzeitig die Bedürfnisse der Trainingsteilnehmer berücksichtigen?

Mit diesem Ratgeber zeigt Anja Röck auf, welche Kenntnisse und Fertigkeiten ein E-Trainer braucht und wie gute Webinare entstehen. Ihr Nachschlagwerk liefert Hintergrundwissen zu Didaktik und Technik und geht auf die verschiedenen Phasen sowie rechtliche Fragen beim Erstellen und Durchführen von Webinaren ein.

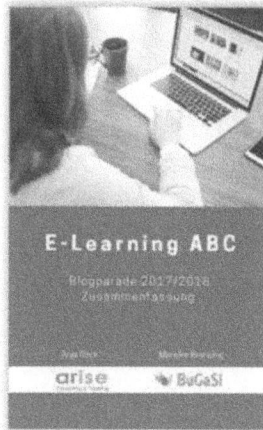

E-Learning ABC
Blogparade 2017/2018 – Zusammenfassung

ca. 294 DINA4 Seiten
eBook (BoD, amazon): € 9,99 [D]

Viele Begriffe, Tools, Apps, Anwendungen, Weiterbildungs- und Lernszenarien sind unter dem Überbegriff E-Learning zwischenzeitlich zu finden.

Was also was kann E-Learning alles bedeuten und mit welchen Varianten?

Die Zusammenfassung der Blogparade 2017/2018 "E-Learning ABC" beleuchtet Begriffe, von "Avatare" über "Change für ein digitales Deutschland", zu "Design-Thinking & E-Learning Innovationen", "Extrahypertextueller Link" und "Intrinsische Motivation", "Neurolearning", bis hin zur "Usability", "Virtual Reality" oder "VUKA", sowie viele weitere.

Lightning Source UK Ltd.
Milton Keynes UK
UKHW012119071020
371174UK00002B/315

9 783748 193159